Le 23 juin au Sénégal
(ou la souveraineté reconquise)

Du même auteur :

A/ En collaboration avec Mamadou Abdoulaye Ndiaye

Africanisme et théorie du projet social, Paris, Éditions l'Harmattan, Collection « Sociétés africaines et diaspora », janvier 2001, 320 pages, Préface d'Amady Aly Dieng ;

Les Conquêtes de la citoyenneté, Essai politique sur l'Alternance du 19 mars 2000, Dakar, Éditions Sud Communication, mars 2003, 110 pages, Préface de Babacar Touré ;

L'Afrique face au défi de la modernité. (La quête d'identité et la mondialité), Éditions Panafrika/Silex/Nouvelles du Sud, Dakar, novembre 2006, 286 pages, préface d'Amady Aly Dieng ;

Esthétique négro-africaine et quête d'universalité ou quelques considérations sur l'œuvre de Kalidou Kassé, Éditions Panafrika/Silex/Nouvelles du Sud, Dakar, octobre 2007, traduit en anglais par le Professeur Badara Sall, 82 pages ;

La Presse et le jeu politique au Sénégal, février 2009, Inédit.

B/ En solo

L'imaginaire saint-louisien (domou n'dar), à l'épreuve du Temps, 92 pages ; Fama Éditions Thiès, décembre, 2009 ;

L'Afrique et le défi républicain (Une lecture des élections sénégalaises de 2009), Paris, Éditions l'Harmattan, avril 2011, 269 pages, Préface d'Amady Aly Dieng.

À paraître :

Élégie pour l'Espérance (Recueil de poèmes) ;

Un pas dans l'univers de la philosophie (Essai).

Alpha Amadou Sy

Le 23 juin au Sénégal
(ou la souveraineté reconquise)

Préface de Mame Less Camara

© L'HARMATTAN, 2012
5-7, rue de l'École-Polytechnique ; 75005 Paris

http://www.librairieharmattan.com
diffusion.harmattan@wanadoo.fr
harmattan1@wanadoo.fr

ISBN : 978-2-296-54878-7
EAN : 9782296548787

Remerciements

J'adresse ici mes vifs remerciements et ma profonde reconnaissance à :

Amady Aly Dieng, pour ses encouragements constants et ses conseils précieux ;

Babacar Touré, pour son soutien originel à cette aventure intellectuelle ;

Mame Less Camara, mon promotionnaire dont je m'honore de l'amitié ; pour avoir signé la préface de ce livre ;

Alioune Badara Seck, Ahmet Gaye et Iba Khar Mbodj, pour avoir relu cet ouvrage, avec une remarquable générosité ;

Doudou Kane et Tafsir Abdoul Sy, pour m'avoir assisté pour la transcription des textes des rappeurs ;

Tous mes amis d'ici et d'ailleurs, toujours présents ;

Mon épouse et mes enfants, toujours soucieux de créer les conditions de production du savoir.

Dédicace

Je dédie ce livre, en y associant leurs épouses miennes, à :
Maître Abdou Djalil Kane ;
Ibrahima Kane ;
Mamadou Mbodj ;
Laurent Gomis ;
Meïssa Diagne ;
Massamba Thiam ;
Youssou Diop.

« Le mouvement par lequel un homme seul, un groupe, une minorité ou un peuple tout entier dit : je n'obéis plus et jette à la face du pouvoir qu'il estime injuste le risque de sa vie, ce mouvement me paraît irréductible. Parce qu'aucun pouvoir n'est capable de le rendre absolument impossible. Et, parce que l'homme qui se lève est finalement sans explication, il faut un arrachement qui interrompt le fil de l'histoire et ses longues chaînes de raison, pour qu'un homme puisse réellement préférer le risque de la mort à la certitude d'avoir obéi ».

Michel Foucault

Préface

Le 23 juin 2011 n'était pas inscrit au calendrier républicain comme jour de consultation populaire, à l'instar des 19 mars 2000 et 22 mars 2009 qui marquent des dates de renversement de majorité ou de rééquilibrage des forces politiques par la voie des urnes. Ce 23 juin marque un type d'intervention populaire inédit dans le processus électoral sénégalais en refusant l'adoption par vote parlementaire d'un ticket électoral qui s'inscrivait clairement dans la mise en place d'un mécanisme de dévolution du pouvoir, donc de confiscation et de détournement de la volonté générale. Les Sénégalais ont voté sans bulletins en s'opposant physiquement, par des affrontements avec la police, à un projet de loi qu'ils ont réussi à faire retirer.

La voix du peuple s'est exprimée ce jour-là par une sorte de démocratie directe qui s'est manifestée par la réappropriation de mandats dont des députés, contrôlés par l'Exécutif, risquaient de faire un usage contraire au vœu des Sénégalais. C'était une sorte d'anticipation sur la prochaine échéance électorale dont les conditions de mise en œuvre et de conformité à la Constitution étaient ainsi sauvées de justesse. Le 23 juin 2011 restera comme un moment d'intervention citoyenne pour repréciser aux députés le sens du mandat pour lequel ils avaient été élus. Cette manifestation, qui a sauvé la Constitution de la République, a pu apparaître aux yeux de beaucoup comme une révolte spontanée contre l'arbitraire.

Le philosophe Alpha Amadou Sy passe au crible cet événement et montre en quoi il a été construit par une série de déterminants dont la dynamique a mené à ce que l'on pourrait désigner, au moins, comme un soulèvement populaire. L'exercice n'est pas facile, car il s'agit d'identifier les causes et de décrire les mécanismes d'une brève séquence historique dans la foulée de son déroulement. L'auteur avait procédé à la même écriture d'urgence dans *L'Afrique et le défi républicain*, paru également cette année, et dont le sous-titre « *Une lecture des élections sénégalaises de 2009* » illustre bien cette posture de proximité temporelle avec son sujet que A. A. Sy semble affectionner.

Le pouvoir politique dirige le Sénégal dans des conditions de hausse continue du coût de la vie, de chômage et de pauvreté d'une grande partie des populations. De plus, il ne donne pas l'image d'une gouvernance vertueuse. Aux côtés du gouvernement, la représentation nationale met en avant les connivences politiques et vote les lois les plus discutables. L'alliance des partis politiques, des organisations de la société civile et de la jeunesse n'avait pas semblé inquiéter un pouvoir qui, la veille du vote de cette loi de trop, se méprenait manifestement sur le sens et l'ampleur du mouvement.

Le travail auquel Alpha A. Sy se livre consiste, en quelque sorte, à consigner des faits et à les mettre en ordre provisoirement, en attendant que le temps des historiens leur assigne une signification. Mais l'auteur, convaincu que « *la lutte des peuples est irréversible* », souligne bien la rupture que l'intervention citoyenne du 23 juin 2011 introduit dans les relations entre gouvernants et gouvernés au Sénégal. Le projet de ticket électoral est seulement un « *détonateur incontournable* », selon l'auteur qui a le souci, en effet, d'en finir avec une certaine fatalité que nourrit une mémoire trop vite défaillante et la récurrence des « *procès cumulatifs* ».

Il importe, par conséquent, de briser les cycles de protestation contre les régimes politiques qui ne produisent que des effets de surface alors qu'il urge d'ouvrir la voie à un véritable devenir et de faire le saut qualitatif de la construction et de l'évolution de la démocratie au Sénégal.

L'irruption dans l'espace public de nouveaux acteurs sociaux comme la société civile, les organisations de jeunes engagés dans le renforcement de la démocratie et le respect des droits des citoyens participe au renforcement d'une dynamique qui doit, à terme, rendre au peuple sa souveraineté.

Sous un autre aspect, peut-être le plus important, le décryptage des grands événements de la vie politique nationale, comme l'opposition populaire à la seizième modification de la Constitution en dix ans, permet de garder intelligible une réalité politique, économique et sociale mouvante. C'est un travail de veille pour un recadrage institutionnel permanent de l'action des pouvoirs publics et la pratique d'une lecture des mouvements qui agitent la société sénégalaise.

Mame Less Camara
Journaliste

AVANT-PROPOS

Ce livre est le prolongement de la réflexion entamée dans notre essai *L'Afrique et le défi républicain*, paru au mois d'avril 2011, à Paris, aux Éditions l'Harmattan. Dans la postface de cet ouvrage, nous nous demandions, si les acteurs politiques de la sous-région et même de l'Afrique centrale pourraient mettre à profit leurs toutes prochaines consultations électorales et relever le défi républicain.

L'acuité de la question était dictée par le simple fait que le continent africain, dans sa façade ouest-africaine, notamment francophone, avait fini par devenir le champ expérimental des perversions démocratiques les plus criardes. Celles-ci ont essaimé en se déclinant en termes de tripatouillages constitutionnels, de subordination du Judiciaire à l'Exécutif, et de mainmise du pouvoir sur le processus électoral.

En attendant d'avoir la réponse à cette interrogation, nous avions formulé cette mise en garde : « ... Que les pouvoirs africains se démocratisent véritablement, qu'ils arborent le masque républicain ou qu'ils s'enlisent dans le despotisme, ils seront certainement confrontés au verdict de l'Histoire ! Dans tous les cas de figure, les peuples, une fois qu'ils triomphent de leurs peurs, savent puiser au tréfonds d'eux-mêmes la détermination, le courage et la passion qui alimentent leur quête toujours renouvelée de plus de pain et de plus de justice sociale. Le cas échéant, ils réussissent souvent à faire tomber les dictateurs les plus redoutés avec cette célérité qui a inspiré à Marx l'idée selon laquelle, à l'échelle de l'histoire humaine, il y a des jours qui valent des siècles ! »[1]

Et très précisément, le Sénégal, qui peine depuis l'alternance politique survenue en mars 2000, à garder intacte cette image flatteuse de vitrine de la démocratie en Afrique, confirmera cette irréversibilité de la lutte des peuples. Suite à une tentative d'une énième manipulation de la constitution sénégalaise que des citoyens de toutes les catégories sociales confondues, de tous les âges, de toutes les confessions et confréries, voire de toutes les sensibilités politiques, se sont mobilisés pour donner une expression républicaine à un sentiment de ras-le-bol général que cristallise le slogan « *Y'en a marre* ». Explicite à cet égard est cette prise de position de Lamine Bâ, Administrateur adjoint du PDS et ministre au cabinet de Chef de l'État : « ... La coupe est pleine. Elle l'est aussi au sein de la population tout comme au sein du PDS. Y'en a marre, ce n'est pas seulement au sein de la population, mais y'en a marre au sein du PDS... En tout état de cause, aucun démocrate ne souhaite être élu avec une courte majorité de 25 % ; ce n'est pas honorable. Même si le texte passait, je ne serais pas fier d'être président élu avec 25 % des inscrits... »[2]

Cependant, pour avoir été un détonateur remarquable, le projet du ticket présidentiel, au cœur de cet énième tripatouillage constitutionnel, ne saurait constituer l'unique cause de ce puissant mouvement citoyen du 23 juin 2011 qui a ébranlé bien des certitudes quant à la capacité des Sénégalais à défendre avec succès et détermination les

---

[1] Alpha Amadou Sy, *L'Afrique et le défi républicain (Une lecture des élections sénégalaises de 2009)*, *Op. cit.*, p. 255.
[2] Lamine Bâ, Entretien avec Harouna Fall, le quotidien *L'Obs* du 27/06/2011.

consistants acquis démocratiques et sociaux, arrachés au terme de longues et patientes luttes. Partant de cette hypothèse, il est question de voir comment l'enchevêtrement d'un certain nombre de facteurs a fini par sortir les citoyens de leur torpeur pour se dresser comme de véritables remparts contre l'arbitraire et la dérive monarchique.

En fonction de cette appréciation, il sera loisible de dégager des enseignements pour, au-delà de la gestion des questions ponctuelles qui agitent la République, aborder les difficultés du peuple souffrant dans le cadre d'un projet. Celui-ci, loin d'être réductible à des politiques, à des programmes et à des stratégies, intègre la problématique du développement dans la double perspective de création des richesses et de promotion des valeurs fondatrices de l'*humanitude* (Albert Jacquard).

Au demeurant, le lecteur pourrait faire observer que le court temps, qui sépare sa publication et le moment de la survenue de l'événement qui constitue son objet, risque d'hypothéquer l'objectivité qui requiert toujours une distance.

Tout en rappelant que cet essai s'insère dans la trajectoire de nos productions antérieures qu'il prolonge, force est de reconnaître que cet ouvrage s'inscrit dans cette logique des urgences qui a densément imprégné l'espace politique sénégalais, le long de ce dernier semestre 2011[3].

---

[3] Dans ses interventions fort appréciées, lors de cérémonie de présentation-dédicace de l'*Afrique et le défi républicain* à l'hôtel *Terroubi*, à Dakar, le 10 septembre, Mame Less Camara faisait observer que cet essai lui-même était commandé par une sorte d'urgence Il semble, poursuivait-il, impératif à l'auteur de faire comprendre à ses concitoyens qu'ils étaient, quant au fond, acteurs de leur propre histoire, mais aussi d'anticiper sur un certain nombre d'événements.

D'abord, le chef de l'État a eu recours à la règle de procédure d'urgence pour faire valider un projet de ticket présidentiel. Son empressement l'a amené à se passer non seulement l'avis de la CAP 21 qui regroupe les formations politiques alliées, mais aussi de celui des instances régulières de sa propre formation politique. Cette action urgente a engendré une réaction urgente qui fait dire au rappeur Thiat que l'enjeu était tel que ses camarades « Y'en a marristes » n'avaient pas eu le temps de déposer une déclaration de manifestation, conformément à la Constitution. Face à l'urgence de la riposte, ils ont fait appel davantage à la légitimité républicaine qui autorise les actions les plus hardies pour sauver la démocratie, plutôt qu'à la légalité dont la lecture politicienne inhibe les initiatives citoyennes.

Nous avons pensé que ces urgences, qui structurent cette relation action du pouvoir-réaction des forces coalisées, en appellent cette autre : celle de la réflexion. Sa légitimité est liée au simple fait que les changements substantiels des phénomènes supposent toujours l'intelligence des lois qui président à leur évolution. Là où cette exigence théorique est mise en exil, prospèrent le culte de l'événementiel, le fétichisme de la pratique de terrain et les critiques crypto-personnelles. Ces lacunes, au-delà de leurs diverses formes d'expression, recoupent dans leur capacité à faire régner le spontanéisme et le populisme qui érigent l'instant en Absolu, non sans se détourner de la perspective, du projet, nous voulons dire de *l'idée*, de l'idéal.

Partant, ce ne sont pas des changements de fond qui en résultent, mais des mutations de surface qui inscrivent l'évolution de la République dans un cycle où, toutes les décennies, les mêmes slogans sont reconduits pour combattre le même ordre politique. Dans cette logique, qui emprunte beaucoup au rituel, le « *na dém ! na dém ! na démma, démma déme !* », *(Qu'il s'en aille, qu'il parte !)* », popularisé par Moustapha Niasse, le leader de L'Alliance des Forces du Progrès, A.F.P, brandi, il y a une décennie contre Abdou Diouf et aujourd'hui destiné à son tombeur Me Abdoulaye Wade, a de fortes chances de prospérer, dans dix ans, pour faire partir le futur locataire de l'Avenue Léopold Sédar Senghor.

Ce risque de persistance de ce procès non cumulatif peut être évité si les intellectuels, en dépit de leurs légitimes préoccupations carriéristes et hors des plateaux confortables des télévisions, s'évertuent, à partir de leur domaine de compétence, à apporter leur précieuse contribution à l'éclairage des questions vitales qui hantent le Sénégal d'aujourd'hui[4]. Il s'agit, à la limite, d'un impératif catégorique, au regard de la célérité avec laquelle les contradictions de tous ordres s'accentuent et se cristallisent. L'intérêt tout particulier de ce contexte, pour les chercheurs en sciences sociales, est qu'il favorise la formulation d'un certain nombre de problématiques dont la complexité

---

[4] Ceux qui suivent nos modestes travaux se rendront compte à quel point cette question des élites nous tient à cœur. Nous renvoyons le lecteur à :
- « La question des élites : combats d'hier et combats d'aujourd'hui », communication présentée au colloque international *Alioune Diop, l'homme et l'œuvre face aux défis contemporains*, du 03 au 05 mai, 2010, au Méridien Président, Dakar ;
- « La renaissance africaine ne saurait être réductible à des slogans, » Interview accordée au quotidien sénégalais *Le Soleil* du 27/05/10 http://www.lesoleil.sn/article.php3?id_article=59447 ;
- « Alioune Diop, l'organisateur et l'intellectuel », au Panel *Hommages aux plumes posthumes : Téne Youssouf Gueye, Ousmane Moussa Diagana, Habib Ould Mahfoud et Alioune Diop* à l'occasion du festival littéraire, Traversées mauritanides, organisé les 05, 06, 07 et 08 octobre 2010, à Nouakchott, République Islamique de Mauritanie.

milite en faveur de l'interdisciplinarité. Aussi, la densité de la matière à réflexion, que fournit ce moment de l'évolution de ce pays, et l'urgence des réponses invitent-elles les intellectuels à développer des rapports beaucoup plus conséquents avec la table et... la souris ! Cet impératif fait corps avec cette thèse de Amadou Mahtar Mbow, formulée lors de la clôture des Assises nationales et dont nous faisons nôtre la pertinence : « Un peuple ne peut assumer librement son destin que s'il est en mesure de réfléchir par lui-même sur ses propres problèmes pour leur trouver des solutions à la mesure de ses aspirations »[5].

En tout état de cause, à défaut d'être fortement imprégné de la pleine positivité, c'est-à-dire, de la lucidité et de l'impartialité, cet essai aura au moins l'avantage de consigner, pour la postérité, cette sorte de synthèse qui constituerait l'essentiel de ce sur quoi pourrait porter demain l'investigation scientifique. L'importance de cette tâche réside dans le fait que les événements du moment sont aussi constitutifs de ce que sera demain l'histoire de ce pays. Or, les mémoires sont souvent oublieuses !

---

[5] Amadou Mahtar Mbow, Discours de clôture des Assises nationales, Dakar, 24 mai, 2009.

CHAPITRE PREMIER

« TOUCHE PAS À MA CONSTITUTION » OU MOURIR POUR LA RÉPUBLIQUE

La République couchée, La République en détresse, La République abimée autant de publications dont les auteurs[6] s'indignent autant du manque d'épaisseur républicaine des gouvernants que de la passivité des citoyens, qui donnent le sentiment que les Sénégalais ont choisi, après la parenthèse citoyenne de mars 2000, de se confiner à nouveau dans *« cette sorte d'enfermement fataliste »* auquel faisait allusion Babacar Touré[7]. Dans cette disposition d'esprit, les libéraux, pour avoir fait passer, comme lettre à la poste, le projet de la nouvelle Constitution en 2001, celui arbitraire de la délégation spéciale et la loi aussi liberticide que scélérate portant le nom du député Ezzan[8], pensaient faire

---
[6] Respectivement : Ousseynou Kane, *Sud quotidien*, Mamadou A. Ndiaye et alpha A. Sy, *Sud quotidien* et Abdou L. Coulibaly, Dakar, Éditions La Sentinelle, 2011.
[7] Babacar Touré, Préface des *Conquêtes de la citoyenneté* de Mamadou A. Ndiaye et de Alpha A. SY, Dakar, Éditions Sud Communication, 2003, p. 6.
[8] « Cette loi, qui porte le nom d'un député libéral, Ibrahim Isidore Ezzan, a été promulguée par le Chef de l'État le 17 février 2005. Elle accorde, à la surprise générale, l'amnistie politique à tous ceux qui étaient condamnés pour des crimes durant la séquence particulièrement tumultueuse de 1993 et 2004. Loin d'apaiser les esprits, cette loi a ravivé la polémique sur la violence politique. Entre

adopter sans coup férir le projet de loi instaurant le ticket présidentiel.

Mais, c'était sans compter avec ce caractère imprévisible des Sénégalais qui savent réagir là où ils sont le moins attendu. En l'occurrence, la séance, perçue comme instance de validation tout à fait formelle d'un projet ficelé avec beaucoup de légèreté dans les labyrinthes du pouvoir, occasionna une surprenante et exceptionnelle mobilisation de citoyens de toutes catégories sociales. L'historien Ibrahima Thioub ne s'est y pas trompé en affirmant avec force : « Jamais, il n'y a eu une manifestation d'une telle ampleur dans l'histoire politique du Sénégal »[9].

Convergeant par grappes vers la Place Soweto, devant l'Assemblée nationale, des citoyens, victimes de la cherté de la vie, des inondations, des coupures de l'électricité, frustrés et outrés par le règne tous azimuts de l'arbitraire et de l'impunité, ont fait montre de détermination pour assurer à la République l'énergie dont elle a besoin pour rester debout. Triomphant de leurs peurs, bravant la chaleur, se jouant des distances, fort de leurs différences sociales, confessionnelles et politiques, ils convergent vers un essentiel qui témoigne de leur arrachement à l'animalité, à savoir le sens élevé de la liberté et de la dignité ! Malgré – ou, peut-être, à cause de - la gravité et du sérieux de l'enjeu, ils chantent l'hymne national, et arborent les couleurs du drapeau national. Partout, il est loisible de lire sur des pancartes ou sur les corps que certains manifestants livrent

---

autres, elle a alimenté la controverse sur l'assassinat de Maître Babacar Sèye, au lendemain des présidentielles de 1993, et l'agression du leader du Jëf Jël, Talla Sylla le 06/10/2003 », *L'Afrique et le défi républicain*, *Op. cit.*, pp. 41-42.

[9] Ibrahima Thioub, « Il n'y a jamais eu une manifestation d'une telle ampleur dans l'histoire politique du Sénégal », Entretien avec Harouna Fall, *L'obs* des 25-26/06/2011.

aux forces de l'ordre armées jusqu'aux dents : « *Wade dégage ! Touche pas à ma Constitution !* » Et peut-être jamais, de mémoire de Sénégalais, autant de jeunes n'avaient déserté les amphithéâtres, boycotté le rituel des trois normaux, ignoré les chemins qui mènent aux stades et aux arènes de lutte pour s'approprier avec une passion qui frise l'irrationnel le mot d'ordre « *Touche pas à ma Constitution !* »

Un observateur très averti de la scène politique sénégalaise, Abdourahmane Camara, n'a pas manqué de mettre en exergue l'engagement tout particulier de ces Sénégalais, dont certains sont en train de faire le deuil de leur adolescence, quand d'autres y entrent. Dans son éditorial, paru le lendemain de cette bien mémorable journée, il note : « L'écrasante majorité de ces jeunes, prêts à inhaler l'âcre odeur des grenades lacrymogènes ou à être brûlés par l'eau chaude déversée sur la foule par le camion à canon à eau blindé de répression des émeutes, n'a pas pris d'assaut, tôt dans la matinée d'hier, les environs immédiats de l'Assemblée nationale, pour répondre à l'appel de Benno ou de la société civile. S'ils ont marché pour certains sur de longues distances pour rallier la Place Soweto, c'est pour crier, plus que leur ras-le-bol, ce profond sentiment de dégoût, mais également de révolte qui les habite devant la misère de leur vie de tous les jours et l'arrogance de ceux qui les gouvernent »[10].

Au demeurant, il est difficile de se faire une idée des clefs du succès de cette mobilisation sans la conjugaison de ces facteurs qui constituent, pour ainsi dire, les maillons d'une seule et même chaîne. Au nombre de ces facteurs, l'entrée en scène du Cadre de Concertation et d'Action de la Société Civile (CASC), dont le Manifeste, consacrant la naissance, a été signé le 4 mai 2010. Cette structure

---

[10] Abdourahmane Camara, « La fin d'un mythe », *Walf* du 24/06/2011.

fédérative, conçue selon toute vraisemblance dans l'esprit des Assises nationales, est composée de CSA, CNCR, FORUM CIVIL, FGTS, ONDH, Ligue Civique Sénégalaise, UNSAS CUSEMS, WAXSET, RADI, RADDHO, COSYDEP , CNEP, UNACOIS Dakar, Collectif des Résidents et Imams de Guédiawaye et de la banlieue de Dakar, UNCS. L'ombre de ces concertations, ouvertes en juin 2008, apparaît dans la formulation de son objectif qui n'est pas sans faire penser aux recommandations de la Commission Vision des Assises nationales : constituer « un rempart capable de faire face aux dérives politiciennes qui sapent les fondements de la République et exposent le pays à des violences périlleuses, avant, pendant ou après les élections »[11]. La motivation du CASC est, avant tout, d'ordre préventif. Il s'agit d'inviter les citoyens sénégalais à prendre les devants pour éviter la répétition, en terre sénégalaise, des dramatiques expériences autocratiques ayant eu cours au Niger et en Côte d'Ivoire.

Dans cet ordre d'idées, le CASC, sous l'initiative d'Alioune Tine, figure emblématique de la société civile sénégalaise et secrétaire général de la Rencontre Africaine pour la Défense des Droits de l'Homme (RADDHO), décide « de mettre en place un Comité d'initiative dont le rôle est d'informer et de mobiliser tous les syndicats, les ONG, les associations et les partis politiques pour une large

---

[11] Mamadou Mbodj, « Lettre aux Organisations membres du Cadre de Concertation et d'Action de la Société Civile, » 19/06/2001. Dans la Commission « Vision pour le Sénégal, Horizon 2025 » des Assises nationales, figure cette approche qui imprègne l'orientation du CASC : « Les mouvements citoyens contribuent à l'élaboration, au suivi et à l'évaluation des politiques publiques ; veillent sur les acquis démocratiques et constituent un bouclier contre toute modification arbitraire des règles et instrumentalisation des pouvoirs exécutif, législatif ou judiciaire ».

concertation en vue de la détermination des actions communes à entreprendre. »

Fort de ce comité constitué des personnalités de la société civile, au nombre desquelles Penda Mbow, de Babacar Guèye, de Mamadou Mbodj, et de Cheick Tidiane Dièye et largement ouvert à toutes les bonnes volontés, il a été retenu l'idée de rencontrer tous les partis politiques et le Mouvement « Y'en a marre ». Ces contacts s'avéreront des plus fructueux. Et, sans doute, le succès de cette entreprise est indissociable, au moins en partie, du fait que les Assises nationales, de l'ombre desquelles est né *Benno*, avaient déjà contribué à effilocher cette sorte de frilosité qui imprimait les relations entre membres des partis politiques de l'opposition et les leaders de la société civile. Cette nouvelle forme de dialogue entre ces acteurs de l'espace public avait pris une dimension suffisamment consistante pour être versée dans les retombées les plus positives de ce banquet national. Amadou Mahtar Mbow, dans son discours de clôture du 24 mai 2009, s'en félicitera dans ces termes : « Ce n'est pas le moindre des acquis des Assises que de prouver ainsi, qu'en dépit de la profusion des partis politiques, il y en aurait 150, et du nombre élevé de mouvements syndicaux, qui sont les signes évidents d'un fractionnement de la société, des hommes et des femmes, préoccupés du seul intérêt général, peuvent unir leurs pensées et leurs forces pour les mettre au service du redressement national »[12].

Les différentes démarches du comité d'initiative débouchent sur l'assemblée générale du mercredi 22 juin à la salle Daniel Brottier. Avec ces raccourcis extraordinaires que l'Histoire sait emprunter, de ce qui semblait participer d'un simple moment d'échanges, vont résulter des prises de

---

[12] Amadou Mahtar Mbow, « Discours de clôture », *Op. cit.*.

position qui vont imprimer une tournure inattendue à la mobilisation contre le tripatouillage de la Constitution.

Dans ces circonstances, s'opère, au Centre Daniel Brottier, une sorte de symbolique de passation de témoin par la vieille génération qui, malgré ses réelles velléités de résistance, restait encore visiblement limitée par son républicanisme[13], son option des réunions de salon, et, leur corollaire, à savoir cette propension à régler ces différends avec le pouvoir par des communiqués de presse. L'acte inaugural de cette rupture générationnelle, solidaire de nouvelles formes de luttes, transparaît clairement dans ces propos de Thiat qui ont tous les accents d'une sentence : « Il ne sert à rien de tenir des discours. Le combat doit se faire dehors. Si vous êtes des jeunes courageux, allons dehors ! »

Ni acte manqué à décrypter ni sous-entendu, il est clair, dans ce passage, que les destinataires de son invitation, ce sont bien les jeunes, censés mettre leur énergie intellectuelle et physique au service de la bonne cause. Et, joignant l'acte à la parole, les « *Y'en a marristes* »[14] mettent pratiquement un terme à la rencontre pour engager des

---

[13] Abdoul Latif Coulibaly use de ce concept pour expliquer la frilosité de l'opposition durant, pratiquement, toute la durée du premier mandat de Me Wade, Cf. *Une démocratie prise en otage par ses élites*, Dakar, Éditions La Sentinelle, p. 86.

[14] Ce mode d'implication des jeunes n'est pas sans rappeler le printemps arabe, tout au moins dans son moment tunisien : « Ce sont, pour la plupart, des ados qui ont bravé les balles de la police, des hommes de moins de trente ans qui ont composé le gros des cortèges, comme celui parti du Kram vers le Palais de Carthage, le 13 janvier, au soir. Dès le lendemain, les jeunes glosent sans tabou sur la fuite du dictateur. Ils veulent mettre un terme au complexe paternaliste, en occupant des lieux jusque-là interdits et en imposant aux agents de les saluer. », Amine Allal, « Quelle relève à Tunis ? », *Monde diplomatique*, février 2011, p. 13.

initiatives plus hardies, afin de stopper le plus tôt possible la dérive monarchique qui cherche à se tailler un habit constitutionnel.

À partir de ce moment, s'enchaîne un certain nombre de séquences qui attestent de la mainmise des jeunes rappeurs sur le mouvement citoyen. Les actes, qu'ils posent, les uns après les autres, les éloignent progressivement du confort douillet des salons et des plateaux de télévision. Ce type d'engagement génère rapidement une logique de confrontation dont le résultat se donne à lire dans ce compte rendu méticuleux d'Ibrahima Diakhabi : « Y' en a marre au premier plan, les jeunes de Benno suivent, les forces de l'ordre bien en place, le décor est campé pour de chaudes échauffourées... L'affrontement est imminent. Il est 18h 07 quand les premiers jets de pierre s'abattent sur la voiture blindée des policiers. Ces derniers battent en retrait devant la détermination des jeunes manifestants. Le repli n'est que stratégique. La réplique sera violente, et c'est le camion équipé de canons à eau bouillante qui sonnera la riposte, accompagnée de salves de lacrymogènes. La fumée envahit le ciel et rend la respiration difficile. Les manifestants engagent le combat de rue avec les GMI »[15].

Cette forme de lutte, qui donne tranchant et vigueur à une opposition politique dont le républicanisme a fait dire à Me Wade qu'elle était poltronne, n'est pas du tout un acte isolé. Elle s'intègre dans une dynamique qui cherche à trouver « *le langage* » qu'il faut face à un pouvoir peu disposé à respecter les règles du jeu démocratique. Dans ce contexte, le député – maire de Saint-Louis frappa l'opinion nationale et internationale par cet acte des plus insolites : « "Aidé par son chauffeur et son frère, le député s'est

---

[15] Ibrahima Diakhabi, « Discours incendiaires à l'intérieur, affrontements à l'extérieur, *L'Obs* du 23/06/2011.

attaché les deux pieds et le bassin avec une chaîne, avant de s'enchaîner aux grilles de la devanture de l'Hémicycle."[16] S'en expliquant Cheikh Bamba Dièye fait observer : "On a assez toléré. On lui a donné tout ce qu'exige son rang de chef d'État. Mais trop, c'est trop ! J'ai agi ainsi parce que ce pouvoir est insensible aux actes civilisés" »[17].

Pour comprendre cette réaction, il faut rappeler que depuis que le projet de ticket présidentiel a été objet de rumeur, avant d'être examiné en commission technique, des citoyens de toutes sensibilités n'avaient cessé de guetter le moindre signal provenant du Palais ou de la Place de Soweto, et susceptible d'être interprété comme un signe d'apaisement. Et, ce jour du 21 juin 2011, au moment où la commission des lois de l'Assemblée nationale avait le projet en étude, Cheikh Bamba, parfaitement édifié par la passivité avec laquelle ses confrères allaient adopter le projet, lors de la plénière prévue pour le jeudi 23, avait trouvé cette parade.

Paradoxalement, par cet acte désespéré, le maire de Saint-Louis a contribué à faire renaître l'espoir, ne serait-ce qu'en dessinant en pointillé un possible politique. Et ce possible politique, pour prendre forme, dénigre les formes classiques de lutte au profit de toutes nouvelles. Leur efficacité est d'autant plus garantie que, par le truchement des médias et des nouvelles technologies de l'information, elles sont relayées à l'échelle du pays, voire de la planète. Déjà sur les lieux mêmes de la manifestation, Cheikh Bamba Dièye n'est pas seul. Sont aussi présents des membres de l'opposition dont ces propos de l'un d'eux, à savoir le maire de Sacré Cœur- Mermoz, Barthélémy Dias,

---

[16] Latyr Mané, « Cheickh Bamba Dièye, Dans les chaînes de la révolte », *l'Obs* du 22/06/2011.
[17] Cheikh Bamba Dièye, *l'Obs* du 22/06/2011.

constituent l'expression condensée de toute la détermination à faire échouer le projet : « Au nom du président Léopold Sédar Senghor, de Mamadou Dia, je vous assure que le projet ne passera pas à l'Assemblée nationale... Je continuerai à protester tant que le projet de loi sera effectif. »[18]

Dans cette ambiance, la démarche unitaire du CASC, la collaboration des différents partis constitutifs de *Benno* présent avec ses leaders les plus emblématiques, l'implication des jeunes de « Y'en a marre » conjuguées à l'action du maire de Saint-Louis, ont été autant de séquences posées, et qui vont donner à la journée du 23 juin un cachet historique des plus remarquables. Ces différentes initiatives, pour avoir bénéficié d'un contexte particulièrement favorable avec des émissions interactives, des éditoriaux, des interviews et des contributions de qualité allant dans le sens de la clarification des tenants et aboutissants du projet, ont porté leurs fruits.

Pourtant, malgré tous ces actes posés certes avec passion, mais aussi avec beaucoup de lucidité, le pouvoir libéral s'est évertué à activer la procédure d'urgence, pour finaliser sa réforme constitutionnelle. Cet entêtement a suscité un sentiment de malaise débouchant sur une atmosphère de forte inquiétude, entretenue par la probabilité de plus en forte de voir certains Sénégalais céder à la tentation de recourir à la violence pour vider un contentieux juridico-politique. Cette situation est d'autant plus grosse de tous les dangers, que certains contributeurs, aussi désemparés qu'outrés, n'ont pas hésité à faire des clins d'œil à la grande muette pour remettre de l'ordre dans la République.

---

[18] Barthélémy Dias, in « Bamba Dièye s'enchaîne aux grilles de l'Assemblée nationale », par Denise Zarour Medang, *Sud quotidien*, du 22/06/2011.

D'ailleurs, fait remarquer un observateur averti comme Mamadou Sy Albert, « depuis la présidentielle de 2007, certains responsables de l'opposition n'ont cessé de caresser l'idée de faire basculer les forces de sécurité dans les batailles pour le contrôle du pouvoir ».[19].

Cette dangereuse montée d'adrénaline, trop patente pour ne pas être perçue par le pouvoir, a obligé les libéraux à prendre ces mesures d'apaisement. La première a été de s'inspirer de l'expérience, fort flatteuse, du déroulement des différentes célébrations de l'an 11 de l'avènement de l'Alternance en autorisant toutes les manifestations prévues le 23 juin devant la représentation nationale. La deuxième a été d'amputer le projet de loi de la partie ayant trait au quart minimal pour être élu.

Cependant, ces mesures n'auront pas du tout alors l'effet escompté et leur échec résulte d'une double méprise. L'autorisation de la marche était d'autant plus superflue à partir du moment où, comme le rappellera un des porte-parole des forces coalisées, Moussa Tine, il n'y avait pas demandeur. Mais, la méprise la plus monumentale a été d'avoir recouru à la même stratégie que celle de la commémoration du 19 mars en faisant l'impasse sur la spécificité de l'enjeu de la mobilisation du 23 juin.

L'impératif unitaire, commandé par l'enjeu républicain, a milité en faveur de l'unité des forces. Pour le 19 mars, les acteurs s'étaient regroupés selon des sensibilités et à des endroits différents : les partis politiques de l'opposition de *Benno* entre Rufisque, Bargny et Guédiawaye, les « *Y'en a marristes* » à l'Obélisque, les libéraux et leurs alliés à l'Avenue Senghor et le journaliste Sidi lamine Niass et ses

---

[19] Mamadou Sy Albert, *L'exercice du pouvoir politique au Sénégal (Léopold Sédar Senghor - Abdou Diouf - Abdoulaye Wade), l'Utopie du changement*, Dakar, Presses Universitaires, avril 2011, p. 150.

partisans à la Place de l'Indépendance. En revanche, pour ce 23, trois sur les 4 groupes ont conjugué leur force pour faire face au pouvoir et à ses alliés et, les uns et les autres sont restés confinés sur le même site, à savoir devant l'Assemblée nationale. Qui plus est, l'agitation, systématiquement organisée pour sensibiliser les citoyens sur le caractère du ticket, aura l'avantage de renforcer en qualité et en quantité le camp des pourfendeurs du projet de réforme constitutionnelle.

Quant à la concession concernant le quart minimal, elle n'a eu comme effet que de conforter la conviction de plusieurs Sénégalais, selon laquelle l'ultime objectif de ce tripatouillage constitutionnel est de baliser la voie au fis du président.

En définitive, ces deux mesures vont contribuer davantage à la radicalisation d'une bonne frange des citoyens croyant tenir en ces concessions la preuve par quatre que le pouvoir ne connaît qu'un seul langage, celui de la pression de la rue. Et sans doute, au crépuscule du 22 juin, la plupart de ceux qui seront manifestants du lendemain sont partis au lit fortement persuadés que le pouvoir « est insensible aux actes civilisés ». Du coup, la voie inaugurée par les jeunes de « *Y'en a marre* » et de « *Benno* » a dû être objet de sérieuses méditations !

Toutes les appréhensions de violence et de désobéissance civile se trouvèrent bien fondées, le 2 3 juin. Avec cette célérité dont l'histoire sait user en transformant les jours en siècles, pour parler comme Marx, le Sénégal, en moins de vingt-quatre heures, changea complètement de visage. Dans le même mouvement bien des mythes tombèrent, notamment celui d'un peuple dans « l'enfermement fataliste » et pacifiste à souhait et, corrélativement, celui d'un pouvoir qui abuse arbitrairement du droit.

Cet évènement marque d'une pierre blanche la détermination du peuple à faire respecter la Constitution qui admet, entre autres, le droit de manifester. Cette détermination est d'autant plus forte que les citoyens sont outrés par cette duplicité consistant à ne mettre en exergue ce droit que pour mieux l'annihiler. En effet, après avoir formellement levé les restrictions dont avait été l'objet le droit de marche sous l'ère socialiste, le pouvoir libéral a progressivement entravé les conditions d'exercice de ce droit. Cette méprise est très explicite dans ce commentaire courtois, mais teinté de l'esprit républicain du Professeur Seydou Madani Sy : « ... Paradoxalement, depuis le naufrage du bateau le "Joola", dans la nuit du 26 septembre 2002, les organismes regroupant les familles des victimes de ce naufrage se plaignent de ne pas pouvoir manifester librement dans les rues de Dakar, même si, au lendemain du naufrage, une manifestation spontanée des représentants des familles des victimes avait pu atteindre les grilles du palais présidentiel et que le Président Abdoulaye Wade avait pu parler aux manifestants pour leur prodiguer alors des paroles d'apaisement »[20].

Tout se passe comme si par cette mobilisation de ce 23 juin, les populations allaient donc payer ce que Mame Less Camara appellera « le prix pour établir un nouveau rapport au droit à la manifestation »[21]. De ce fait, dès les premières lueurs de l'aube, les Sénégalais sont réveillés par cette nouvelle qui confirme bien des appréhensions : le domicile

---

[20] Seydou Madani Sy, *Op. cit.* p. 178.
[21] Mame Less Camara, *Pop* du 24/06/2011, il poursuit : « ... Désormais les interdictions, souvent arbitraires de l'autorité administrative ne retiendront plus grand nombre. Le peuple apprend vite... ».

de Me Abdoulaye Babou, président de la commission des lois de l'Assemblée nationale, a été incendié. Par-delà la controverse sur les auteurs réels ou présumés de cet acte, l'information, à elle seule, était de nature à faire prendre très au sérieux l'engagement des jeunes à défendre, au risque de leur vie, leur Constitution.

Cette option radicale, de doute, se mue en certitude, quand, mettant l'ardeur, le courage et la passion au service de la raison démocratique, des milliers de manifestants vont surgir à partir des principales artères de la ville de Dakar avant de tracer cette configuration dont la presse a rendu compte dans ces termes : « En quelques heures, jeudi 23 juin 2011, la rue a fait plier le régime du président Abdoulaye Wade, 85 ans, au pouvoir depuis 2000. La paisible capitale dakaroise s'est transformée en véritable champ de bataille entre manifestants et forces de l'ordre. Le sang a coulé, des blessés sont à déplorer. Des bâtiments publics ont été attaqués, certains pillés. Des voitures ont été incendiées. L'épicentre des violences a eu lieu dans le quartier pourtant ultrasécurisé du Plateau, en plein centre-ville, qui abrite le palais présidentiel, l'Assemblée nationale, les ministères, mais aussi les grandes banques et des missions diplomatiques, dont celle de la France. Du jamais vu sous la présidence Wade »[22].

Dans ce bras de fer des plus singuliers, les jeunes en révolte ne font pas que se défendre avec les moyens du bord, que brûler tout ce qui peut l'être et qui est lié, de quelque manière, aux institutions de la République. Ils chantent, ils dansent et répètent, avec cette ardeur intrinsèque à leur âge, des slogans pour se donner la force

---

[22] Adrien Hart « L'exemple sénégalais » http://www.slateafrique.com/3389/exemple-senegalais-abdoulaye-wade-manifestations.

de faire face à l'arbitraire. Et, laissant libre cours à leur imagination créatrice, ils surfent sur l'art théâtral, en procédant à la mise à mort de l'idole d'un passé récent. Le spectacle, qui en résulte, est tout simplement macabre. Le journaliste Bakary Domingo Mané a su mettre à profit sa solide formation philosophique pour donner sens à ce qui semble, a priori, ne pas en avoir : « Image terrible, violente et terrifiante, celle d'un cercueil porté par des jeunes au visage grave. Des jeunes, à la fleur de l'âge, respirant la vie, tiennent "un mort". C'est la « dépouille mortelle » du Président Wade. "Paa bi dèna, soul na gno ko" (le vieux est mort et enterré), reprenaient en chœur, des jeunes qui voient en Me Wade le symbole de leur déchéance. Non loin, dans la foule hystérique, une femme a fini d'enterrer le "vieux". Sur le seau qu'elle portait sont écrits en lettres de sang ces mots : "Funérailles de Wade" »[23].

En fait, dans la philosophie, tout comme dans la théorie psychanalytique, le meurtre du père n'est pas, ipso facto, un acte abominable. Il peut même relever d'un ordre émancipateur. Les philosophes, mus par la volonté de vérité, tuent, en toute légitimité leur géniteur spirituel en se libérant des scories dogmatiques qui peuvent hypothéquer leur ascèse. Ce faisant, au lieu d'être un enterrement de première classe, ce parricide participe de l'*aufhebung* hégélien, dépassement-conservation. Ce faisant, en plus de la reconnaissance symbolique du Maître, ce que sa doctrine a de plus positif et de plus dynamique est revendiqué dans la perspective d'être approfondi. C'est pourquoi, tout philosophe réitère le geste de Platon envers son Maître : « il faut tuer le Maître, Parménide ! » Par extrapolation, tout

---

[23] Bakary Domingo Mané, « La mort symbolique du Président », http ://www.sudonline.sn/imprimer-article.php ? Article=3599.

enseignant souhaite être objet de parricide de la part de son disciple !

Dans la psychanalyse aussi, la mise à mort symbolique du père est l'acte obligé pour s'arracher à l'autorité parentale susceptible de compromettre l'affirmation de la personnalité du sujet. La toute-puissance de l'Autorité, que symbolise le père, est source potentielle de névrose, attestant de l'incapacité de l'individu à réussir sa socialisation. Mais, dans ce cas de figure aussi, le père n'est pas néantisé, car il est resté un modèle qui focalise l'attention surtout du garçon. L'ambivalence tient au fait que, très précisément, le père haï est en même temps celui à qui 'il faut ressembler pour, dans une relation fantasmagorique, être aimé de la mère.

En revanche, la mise à mort symbolique du président participe d'un tout autre ordre que révèle le philosophe Mamoussé Diagne : « C'est moins le "roi" que ces jeunes enterrent, que leur propre fidélité. Ce n'est ni plus ni moins qu'un reniement de ce qu'ils ont été, c'est la rupture d'un cordon ombilical qu'ils ne pouvaient traduire que de cette manière »[24]. Mais, le hic est qu'ils renient ce qu'ils ont été, parce que justement, ils ont la forte conviction que celui à qui ils avaient donné leur parole n'a pas respecté la sienne.

Sous cet angle, le procès de Me Wade, dont la mort symbolique constitue ici la sanction capitale, est, en définitive, celui de la parole donnée : promesses d'emploi ; promesses de la fin des délestages, promesses de résolution du conflit casamançais, promesses multiformes au sujet du bateau le *Joola*, promesses d'assistance aux victimes des inondations, promesses d'une école trouble zéro, etc. Cette

---

[24] Mamoussé Diagne, cité par Bakary D. Mané, *Ibid*.

accumulation de déceptions et de frustrations renseigne tant sur le caractère macabre de la mise en scène que sur la radicalité des manifestants.

Au demeurant, loin d'être circonscrite uniquement dans la capitale sénégalaise, cette pression citoyenne, sans précédent dans l'histoire politique du Sénégal[25], est perceptible non seulement à l'intérieur du pays, notamment Thiès, Kaolack et Saint-Louis, mais aussi en France, en Italie et aux États-Unis. Et confirmant qu'il est beaucoup plus sensible à la riposte vigoureuse qu'au dialogue républicain et à la concertation, le chef de l'État consentit à retirer son projet de loi. Solennelle sera, à cet effet, la déclaration du Président de l'Assemblée nationale : « Il a reçu des messages venant de partout, particulièrement des chefs religieux. Il me charge de retirer cette loi... Chers Collègues, vous avez écouté le peuple sénégalais. Je suis fier d'être le président de cette Assemblée nationale »[26].

Si l'information est des plus claires, il reste que l'argumentaire souffre d'une certaine ambigüité, voire d'une terrible ambivalence. L'objectivité, et même la simple honnêteté, qui recommande la reconnaissance de la puissance de la pression populaire est minorée par la volonté de ne pas donner le sentiment que le pouvoir a été rappelé à l'ordre par l'engagement de citoyens, déterminés à reprendre en main le destin de la République. En dehors des véritables acteurs prêts à sacrifier leur vie pour la cause républicaine, certains membres du parti démocratique ont tenu à rétablir les faits, en mettant en exergue leur contribution, à l'interne, à cette victoire du peuple. Dans cet ordre d'idées, le député – maire libéral Moussa Sy, apparemment excédé par cette duplicité, souligne avec

---

[25] Voir plus loin.
[26] Mamadou Seck, *Walf* du 24/06/2011.

force : « Il n'y a eu aucune intervention d'hommes religieux, de Sarkozy ou d'Obama. C'est nous-mêmes, députés qui, au regard de la situation et de la pression populaire, sommes allés voir Cheikh Tidiane Sy et Mamadou Seck pour qu'ils disent au chef de l'État qu'on ne votera pas le projet de loi »[27].

En fait, autant il est difficile d'affirmer péremptoirement que des hommes religieux ont eu une influence déterminante sur la décision de Wade, autant il est clairement établi que des députés comme Moussa Sy se sont battus pour mettre en garde leurs pairs contre le risque d'un lynchage populaire, en cas d'adoption du projet du président. Si intervention des religieux, il y a eu, elle doit s'être opérée dans les labyrinthes du pouvoir. En revanche, par le truchement des médias, il a été loisible aux Sénégalais de suivre les prises de position des parlementaires le long de cette bien mémorable plénière. Aussi, se donneront-ils le plaisir d'applaudir leurs députés et de huer ceux de Me Abdoulaye !

Dans tous les cas de figure, il est difficile d'affirmer avec rigueur scientifique et probité intellectuelle qu'un *ndiguël*, une consigne ou une injonction, auraient décidé les manifestants à mettre un terme à leur mobilisation. Il a fallu tout simplement le retrait du projet de loi pour qu'ils consentent à rompre les rangs, le visage fier et l'allure altière, avec le profond sentiment d'avoir été les sentinelles de la République.

De toutes les manières, par-delà le retrait sans condition du projet de loi, le succès éclatant de la mobilisation citoyenne du 23 juin peut s'évaluer à partir des déclarations renversantes aux forts accents d'un sauve-qui-peut ! La

---

[27] Moussa Sy, *L'obs* du 27/06/2011.

presse ne s'y est guère trompée en titrant : « quand les premiers rats s'apprêtaient à quitter le navire de la Wadie ! »

D'abord à la surprise générale, Mohamed Samb, responsable de la jeunesse libérale déclare sans état d'âme : « Abdoulaye Wade ne peut pas être délogé du Palais avant 2012, mais il doit travailler à trouver son successeur avant l'élection (présidentielle). Il a beaucoup fait, mais il ne doit pas en abuser. À 86 ans, je lui demande d'aller se reposer ».

Lui faisant écho, un autre jeune, qui s'était fait remarquer, dans un passé présent, par son radicalisme, Mamadou Massaly, prit cette subite résolution : « En ce qui me concerne, personne ne nous entendra plus au sein du PDS. Tant que le président ne change pas la façon d'agir, je ne m'engagerais plus avec le parti ».

Et cerise sur le gâteau, Me Abdoulaye Babou, défendeur zélé du projet de ticket présidentiel, fera une révélation qui arrose de fraîcheur cette interrogation de Francis Cabrel : « Est-ce que ce monde est sérieux ? » Le président de la commission des lois de l'Assemblée, réalisant une mue qui laisse pantois plus d'un tenant de l'éthique, « révélera » avoir tenu ce langage au chef de l'État : « Que le président de la République sache qu'il a une majorité éclatée et frustrée. À partir de maintenant, aucun député n'acceptera d'exécuter pareil travail. C'est moi qui le dis »[28].

Pour édifier le lecteur sur le caractère rocambolesque de ces retournements, il importe de rappeler que les auteurs de ces déclarations s'étaient signalés, jusqu'à la matinée de ce

---

[28] Indigné par cette sortie, Moussa Sy fera cette observation : « Je ne reconnais pas Me Babou. C'est lui qui est allé défendre le projet à la télé nationale, la veille. Il a défendu le projet bec et ongle. En commission, il a rejeté les 35 amendements (des députés) et accepté les 2 du gouvernement ».

23 juin, comme animateurs de la tendance va-t-en-guerre du camp libéral. Souvent, militants de la 25e heure, ils se sont illustrés par leur opposition aux libéraux ayant capitalisé un certain vécu dans le PDS et dont l'analyse lucide de la situation milite en faveur de la reprise en main de leur formation politique.

Sous cet angle, cette raclée du 23 juin apparaît aussi comme le désaveu de ces nombreux proches et conseillers de Wade dont la méprise a été d'avoir cru pouvoir transformer la réalité des choses par des slogans et des discours dithyrambiques. Ces propos du tout nouveau secrétaire général de l'Union des Jeunesses Travaillistes Libérales (UJTL), Modou Bara Gaye, constituent un prototype de cette option désastreuse : « Me, vous n'êtes pas leur égal. Le 26 février, les oiseaux de mauvais augure cloueront leurs becs asséchés ; et leurs esprits, bourdonnant de haine et de rancœur, se rendront à l'évidence que Abdoulaye Wade n'a pas d'alter ego dans la classe politique sénégalaise et africaine »[29]. C'était le 19 juin, lors du Conseil national de l'UJTL !

Sensible à cette allocution flatteuse, le chef de l'État va, comme à la veille des locales de 2009, railler l'opposition. Tout en se gardant, cette fois-ci, d'inviter ses adversaires politiques à aller à la retraite avec lui, il plaint leur manque de culture politique : « il paraît que le projet de loi les (opposants) a assommés... ils ont décidé d'aller se plaindre aux U.S.A, en ignorant qu'aux USA, on organise les élections à un seul tour ! »

Le succès éclatant de la mobilisation républicaine du 23 juin aura l'avantage de mettre à nu toute cette méprise qui préside à la lecture du réel des Sénégalais. Et il n'est pas superflu de faire observer que des citoyens lucides, dont des

---

[29] Modou Bara Gaye, *l'Obs* du 20 juin 2011.

militants libéraux de la première heure, interpréteront la débâcle du pouvoir comme les effets conjugués des contrecoups de la défaite lors des locales de 2009, des controverses « sur le rôle que Karim doit jouer dans le dispositif dans l'avenir pour rassurer les Sénégalais »[30] et de l'irrecevabilité républicaine du projet de ticket président-vice-président.

Dans cet ordre d'idées, Fallou Mbacké, chef de file du Mouvement « Horizon libéral sans frontières » soutient : « J'invite le président de la République à décrypter, avec calme et objectivité, le message du peuple sénégalais, et à analyser avec une objective lucidité les signaux envoyés par les différentes franges de la population le 23 juin et bien avant. Les structures et autres institutions budgétivores doivent être supprimées, et cela serait un signal fort à l'endroit de nos populations qui endurent, au quotidien, la souffrance des délestages et autres difficultés dont l'opposition veut faire son propos de campagne... La mobilisation du 23 juin sonne comme la sanction négative de son action rejetée au même titre que le projet de loi »[31].

---

[30] Lamine Bâ, Entretien avec Harouna Fall, *Op. cit.*
[31] Fallou Mbacké, « Conférence de presse », *Le Quotidien* du 29/06/2011.

CHAPITRE II

PSYCHANALYSE D'UN PROJET : UN TEXTE ET SES SILENCES

« Après avoir suscité des joutes passionnantes sur la création du poste de vice-président, l'ardeur a semblé s'émousser, au profit de vives spéculations sur l'élimination du second tour pour les présidentielles de 2012. Cependant, non seulement Abdoulaye Wade peut le remettre incessamment au goût du jour, mais sa relative mise en stand-by n'altère en rien ses enjeux et sa fonction politiques »[32]. Quand nous écrivions ces lignes, nous n'avions pas, un seul instant, deviné que de sa remise au goût du jour, allait résulter un des plus grands contentieux juridico-politiques devant déboucher sur cette mémorable journée républicaine du 23 juin. Selon toute vraisemblance, le Chef de l'État, en empruntant la procédure d'urgence pour réchauffer son projet pensait que sa réforme constitutionnelle passerait sans coup férir.

---

[32] Alpha Amadou Sy, *L'Afrique et le défi républicain*, Op. cit., p. 95. Et nous convoquions le chroniqueur Mamadou Ibra Kane s'indignant de cette coïncidence qui a échappé à plus d'un analyste : « Ce sera le vendredi 15 mai 2009. Le 15 mai, à un jour près, au cas où vous l'auriez oublié, cela fera 16 ans, jour pour jour, que Maître Babacar Sèye a été assassiné. C'était le 15 mai 1993. Triste coïncidence. Un pur hasard ? »

Bien plus, dès l'instant où il inscrivait cette réforme dans le cadre de l'approfondissement de la démocratie sénégalaise, il s'attendait sans doute à un plébiscite parlementaire, et même populaire. Le projet de ticket présidentiel est présenté, par ce biais, comme une mesure pour hisser le système politique sénégalais au même niveau que celui des grandes démocraties comme les États-Unis. Cette réforme est d'autant plus urgente que le secrétaire général du PDS est convaincu que le régime présidentiel, tel qu'il fonctionne en Afrique, constitue l'une des sources de crispations de l'espace politique.

Moustapha Guirassy, ministre-porte-parole du gouvernement, dans sa conférence de presse organisée le mardi 21 juin, s'évertuera à expliciter laborieusement cette forte conviction de Me Abdoulaye Wade. Il s'agit, dira-t-il, « d'une réponse pour garantir aux Sénégalais une démocratie exemplaire ». Dans le même ordre d'idées, ce serait une opportunité pour mettre un terme à la prolifération des partis, interprétée comme une des perversions du jeu démocratique. Aussi, cette réforme, cherche-t-elle à résoudre « la question de la rationalisation de l'espace politique et du nombre de petits partis qui vont progressivement disparaître... » Il ajoutera, pour certainement acclimater son argumentaire par rapport au projet de *Benno*, que la finalité de la réforme en cours est de juguler « la menace d'un détournement du vote populaire vers un mandat de transition de trois ans ».

Pour aller dans le sens d'apaiser les citoyens qui ont le sentiment que le chef de l'État travaille dans la perspective de la dévolution monarchique du pouvoir, il fait observer que le projet écarte systématiquement cette possibilité. Cette appréciation sera renforcée par le président de l'Assemblée nationale, invité de l'émission de la RTS, *Point de vue* : « ... Le ticket présidentiel aurait dû régler de manière définitive la question de la dévolution monarchique du pouvoir car au moins les Sénégalais auraient cette fois-ci la possibilité de savoir, à côté du président de la République, la personne qui, en cas d'empêchement, poursuivrait le mandat... » En fonction de ces convictions, le porte-parole n'a pu que s'offusquer de « l'agitation irresponsable de l'opposition et de la société civile pour une réforme » de cet enjeu.

Pourtant, en dépit de cette condamnation sans appel de ses contradicteurs, il est difficile, en démocratie de concevoir une telle lecture de points de vue. Pour ne pas être en phase avec l'opinion des tenants du pouvoir, ces avis sont formulés par des personnes aux compétences avérées et dont la bonne foi a été rarement prise à défaut dans leur appréciation des questions d'intérêt national.

Pour assurer le maximum de fécondité au débat démocratique, il importe d'intégrer cette dimension, à savoir que, par-delà les passions et dérives liées aux enjeux mêmes politiques et républicains de la réforme, des analyses de qualité ont été faites à travers les différents supports médiatiques du pays. Dans cet élan, revisitant l'histoire des États-Unis, le journaliste Babacar Touré met en garde contre toute tentative de placage de ce qui se passe ailleurs sur l'espace sénégalais. Si les réformes sont encouragées, c'est dans la mesure où elles sont conçues en fonction des réalités socioéconomiques, culturelles et politiques propres à des pays aux parcours historiques différents.

En l'occurrence, les conditions d'élection du ticket président vice-président sont sans commune mesure dans des pays où la tradition démocratique est larvée et où les formations politiques qui évoluent dans des micro-États. Mettant en exergue le véritable parcours de combattant que constitue l'élection du chef de l'Exécutif, il renchérit : « Les primaires, organisées dans tous les États de l'Union, permettent de désigner le candidat qui aura reçu la majorité des suffrages dans chaque État et sur l'ensemble du territoire. Et cela, seulement pour « la candidature à la candidature » au sein d'un même parti politique sur un échiquier dominé par deux formations majeures idéologiquement segmentées : le Parti Républicain (conservateur) et le Parti Démocratique (réputé libéral). Le champion désigné de chaque camp choisit alors un colistier sur la base de deux critères principaux mais non exclusifs. Le profil du Vice-président des États-Unis doit apporter au candidat à la présidence, ce qui peut lui faire défaut, en termes de pêche aux voix, de connaissances et d'expérience en matière de politique (étrangère surtout) ou économique, militaire, etc. »[33].

En vérité, le comparatisme avec le système nord-américain est d'autant plus sujet à caution que le modèle est tropicalisé par une sorte de dévaluation. Cette dévaluation est incontestable à partir du moment où le projet stipule qu'en cas d'empêchement, de décès, de démission ou d'une indisponibilité quelconque » le nouveau vice-président est nommé, mais pas élu au suffrage universel. C'est pourquoi, s'indigne le professeur de droit, Abdoulaye Dièye : « Finalement, l'épouvantail de l'élection du vice-président n'est que poudre aux yeux. Il n'est valable que pour le ticket qui s'est présenté devant les électeurs. Il est ainsi contournable »[34].

Cette brèche est une trouvaille qui permet de faire accéder qui on veut au poste de président et/ou de vice-président. Dès lors qu'on a pris la précaution de se formaliser avec l'élection des premiers colistiers, le reste

---

[33] Babacar Touré, « Les clefs du Royaume (2*), Wade Vice-versa », *Sud quotidien* du 22/06/2011.
[34] Abdoulaye Dièye, *Entretien* avec Barka I. Bâ, *Op. cit.*

devient une affaire de ruse politique. Or, aux États-Unis, une telle disposition, qui ouvre grandement la porte à toute forme de dévolution monarchique du pouvoir, est l'objet d'un cordon sécuritaire qui amenuise ses chances de réalisation. Cette dimension n'a pas échappé à Babacar Touré : « Aucun candidat à la présidence américaine n'envisage de faire moins de deux mandats au terme desquels le Président et le Vice-président quittent en même temps leurs fonctions. Deux notables exceptions à cette règle concernent les Présidents John F. Kennedy et Richard Nixon. Le premier, assassiné en 1963, a été remplacé par le Vice-président Lyndon B. Johnson. Le second, emporté en 1974 par le scandale du Watergate, avait cédé le fauteuil à un Vice-président, Gerald Ford »[35].

Par ailleurs, le comparatisme, dans la mesure où il s'opère à partir d'une impasse sur les spécificités politiques et culturelles du Sénégal, engendre un système politique hybride qui met en exil toute forme de rationalité. Par ce biais, le Sénégal bascule dans le présidentialisme pur et dur, avec une tradition démocratique des plus larvées, et dépourvue de toutes ces structures qui, comme le rappelle Babacar Touré, assurent à la démocratie sa solidité et son efficacité, à savoir, entres autres, le Congrès, la Cour Suprême. Or, ces institutions ne sont pas tombées du ciel. Elles témoignent de l'existence d'une bourgeoisie suffisamment puissante pour laisser éclore en son sein des fractions aux intérêts différenciés dont la concurrence alimente le jeu démocratique. Cette bourgeoise a ses capitaines d'industrie, ses financiers, ses grands agriculteurs qui fructifient le capital, même si leur quête de profit fait penser à ces dieux païens qui ne boivent le sang que dans le crâne de leurs victimes, pour reprendre Marx. Et dans cette

---

[35] Babacar Touré, « Les clefs du Royaume (2*) … », Op. cit.

dynamique créatrice de richesses, elle parvient à mettre progressivement en place des institutions, capables de garantir le fonctionnement du système politique dont la stabilité est assurée par le respect scrupuleux du principe de l'alternance.

En revanche, le Sénégal fait partie de ces pays dont la bourgeoisie est issue de l'administration coloniale et des maisons de traite françaises. L'accès à la souveraineté internationale a perpétué ce type de mode de reproduction élargie par une mise à profit de l'exercice des responsabilités dans les hautes sphères de l'État[36]. De cette situation, découle sa faiblesse économique qui ne crée pas les conditions favorables à la constitution d'institutions de la même envergure que celles en vigueur dans les pays dits développés. Ce faisant, même si les structures sont créées, leur contenu républicain reste souvent sujet à caution. À cet égard, il est symptomatique que la nomination du ministre de la Justice, le président de la Cour Suprême, les cinq membres du Conseil constitutionnel, tout comme la quasi-totalité des membres du Sénat, relève du pouvoir discrétionnaire du chef de l'État. Même l'Assemblée nationale, en principe lieu d'expression de la volonté populaire, est perçue comme « une simple chambre d'enregistrement et d'applaudissements ».

Les tenants de la réforme se proposent d'acclimater le modèle américain en oubliant que leur régime, pour avoir renoncé au parlementarisme promu à la veille de

---

[36] Cf. Samir Amin, « La bourgeoisie d'affaires sénégalaise », *Revue L'Homme et la société*, N° 12, avril-mai-juin, 1969, Jean François Bayart, « L'Afrique à papa ça suffit ! », *Jeune Afrique*, N°1684, des 15-21 avril, 1993, Jean Pierre Olivier, *Afrique : qui exploite qui ?*, Mamadou A. Ndiaye et Alpha Amadou SY, *Africanisme et théorie du projet social*, Paris, l'Harmattan, 2001.

l'alternance, n'en possède pas moins de Premier ministre. Ismaïla Madior Fall, Professeur de droit constitutionnel, à l'occasion de son passage à l'émission Grand Jury de la RFM, a souligné cette incohérence en ces termes : « Tous les pays qui ont un régime semi-présidentiel parlementaire n'ont pas de Vice-président. Il y a une incompatibilité entre la nature du régime qu'on a et le poste de vice-président. Ça risque de créer un conflit de compétence entre le Président et le Premier ministre »[37].

Déjà, le régime présidentiel, dans sa version tropicale où le chef de l'État élu reste secrétaire général du parti au pouvoir, soulève de sérieux problèmes de gouvernance, de gestion des hommes et de compatibilité d'humeur. Et si on y greffe un premier ministre et un vice-président, c'est s'interdire cette stabilité que requièrent l'apaisement du champ politique et la remise du pays au travail.

Faut-il, à cet effet, rappeler qu'au lendemain de l'éclatement de l'éphémère Fédération du Mali, Mamadou Dia avait invité son camarade et ami, Senghor, à instaurer le régime présidentiel, déjà en rigueur dans bon nombre de pays. Mais, le poète, futur chef de l'État, avait, dans une atmosphère teintée de cordialité et de courtoisie, décliné l'offre : « Il faut que tu restes à la tête du gouvernement, que tu conserves tes pouvoirs de chef du gouvernement, de président de type « Quatrième République » et il ajoutera « Nous ne sommes pas trop de deux. Je me contenterai d'être le président de la République, c'est-à-dire une sorte de mawdo »[38]. Aussi, la Constitution du 25 aout 1960, était-elle de nature parlementaire avec un exécutif bicéphale : Senghor, en tant que gardien de la Constitution devait

---

[37] Ismaïla Madior Fall, cité par Aliou Diouf, *Pop* du 27/06/2011.
[38] Mamadou Dia, cité par Roland Colin, *Sénégal notre pirogue, au soleil de la liberté*, Paris, Présence africaine, p. 202. Ce terme *pulaar*, explique l'auteur, désigne le plus ancien, qui conseille et oriente les gens de clan.

veiller à la bonne marche de la République, et Dia, en sa qualité de président du Conseil, avait la mission de diriger l'action du gouvernement, de conduire l'action politique et d'assurer la défense nationale en ayant à sa disposition les Forces armées et l'Administration[39]. Mais très rapidement, il s'est avéré que la gestion de la jeune République en édification obéissait à d'autres logiques autrement beaucoup plus complexes que celles qui gouvernent la tribu. La passion partagée dans l'œuvre de construction nationale, la complicité tissée le long des années d'engagement politique et l'esprit de camaraderie furent consumés dans le feu de la lutte fratricide pour le contrôle du pouvoir[40]. De ce conflit, qui a ouvert l'une des crises politiques les plus marquantes de l'histoire du Sénégal indépendant, résulta l'adoption d'un régime présidentiel, consigné en bonne et due forme dans la Loi fondamentale du 07 mars 1963. Le poste de premier ministre ne sera restauré que lors de la révision constitutionnelle du 26 février 1970.

Au fil des années, ce pouvoir générera un régime politique hybride duquel résultera l'assujettissement du Législatif à l'Exécutif. Une quasi-confusion des pouvoirs, accentuée par le développement du patrimonialisme dans ses formes les plus perverses. D'ailleurs, pour rétablir les normes de la bonne gouvernance, la Coalition 2000, qui

---

[39] Cette précision du Professeur Seydou Madani Sy nous semble importante : « Le Président du Conseil est responsable de la Défense nationale, même si le Président est chef des armées », *Les régimes politiques sénégalais de l'indépendance à l'alternance politique*, Yaoundé, Paris, Dakar, Iroko-Karthala- CREPOS, 2009, p. 20.
[40] Senghor a témoigné en ces termes : « Dia voulait un régime présidentiel ; il se contenterait d'être mon second. La raison de ce qui est arrivé entre nous, c'est qu'il y avait un pouvoir bicéphale, et que ça ne pouvait se terminer que par un conflit », cité par Roland Colin, *Le Sénégal, notre pirogue...*, *Op. cit.*, p. 204.

portera la candidature de Me Abdoulaye Wade, optera pour un retour au régime parlementaire. Mais, le secrétaire général du PDS, une fois installé au palais de l'Avenue Senghor, procédera à un enterrement de première classe de ce qui a été l'une des pièces-maîtresses du programme des forces coalisées pour venir à bout du régime de Abdou Diouf.

Et le Professeur de droit, Ismaël Madior Fall a toutes les raisons de craindre l'instabilité qui résultera de ce mariage contre nature, entre un régime présidentiel, voire présidentialiste et l'existence d'un vice-président et d'un premier ministre. Le monstre institutionnel, qui est sortirait, serait d'autant plus inqualifiable que la personnalité de Me Abdoulaye Wade est réfractaire à toute cohabitation avec ses seconds. De 2000 à aujourd'hui, il en est à son sixième premier ministre, alors que Senghor dont il revendique l'héritage politique, n'en a connu qu'un seul en dix ans. Dès lors, la question est de savoir comment un pouvoir aussi instable peut-il réussir le miracle de la cohabitation, telle qu'esquissée dans le projet ticket présidentiel.

Au demeurant, par-delà cette interrogation, rien que le drame du duo Senghor-Dia, dont lui, Me Wade a été témoin, aurait dû l'inciter à être plus sensible aux risques d'instabilité des régimes politiques. Prolongeant cette réflexion, Ibrahima Thioub pense qu'un tel errement est aurait pu être évité à partir du moment où « ...Le pouvoir a un spécialiste de l'histoire politique et syndicale comme Iba der Thiam, pour ne pas le nommer. S'aveugler comme ça sur l'héritage politique du Sénégal, il faut vraiment avoir atteint un certain manque de discernement »[41].

---

[41] Ibrahima Thioub, *Op. cit.*

Cependant, pour mettre à profit des connaissances historiques, il ne suffit pas d'en posséder. Faudrait-il aussi s'arracher au subjectivisme qui interdit ce recul que requiert la lecture critique des évènements. Or, le Professeur Iba Der Thiam a une position qu'imprègne systématiquement un esprit franchement partisan. En atteste, entre autres, ce propos : « Le projet a été dénaturé par une volonté délibérée d'en cacher certains aspects, pour ne mettre en avant que ceux, susceptibles d'alimenter les controverses défavorables à l'alternance. On a sciemment oublié que la vice-présidence existait déjà. La seule nouveauté résidait dans le fait que, plutôt que d'être nommé, le vice-président allait, désormais, être élu en même temps que le Président et pour la même durée »[42].

Cette prise de position pose de sérieux problèmes de démarche scientifique et de culture politique. Il est vrai que le poste de vice-président a été l'objet de validation par l'Assemblée nationale depuis le 15 mai 2009.[43] Cependant, la question n'est pas tant de voir le nombre de nouveautés que d'analyser la nature de la réforme, et son éventuel impact sur la vie nationale. Le problème ne se pose donc pas en termes de quantité, mais de qualité et de nature. Or, prendre la décision de renoncer à la nomination pour soumettre, au même titre que le Président de la

---

[42] Iba Der Thiam, « Les événements du 23 juin sont le fait de minorités agissantes », Entretien avec Alpha Sané, *L'Obs* du 05/07/2011.

[43] Et même ajoute la parlementaire de Tekki : « Depuis cette date, des lignes de crédit sont inscrites dans le budget du président de la République au titre de postes de Vice-président qui n'existait pas pendant deux ans. Les députés de la majorité ont voté une ligne de crédits dans le cadre de la loi de finances pour affecter des dotations budgétaires de fonctionnement à une institution qui n'est pas encore créée ». Ndèye Fatou Touré, Entretien avec Daouda Gbaya, *Le quotidien* du 22/06/2011.

République, gardien de la Constitution et chef suprême des Armées, le poste de vice-président au verdict des urnes est un acte majeur de souveraineté. Au regard de tous les bouleversements qu'elle entraîne, cette réforme, nonobstant ses incohérences manifestes, devait être l'objet d'un referendum. Cette exigence est d'autant plus fondée que le projet confère au vice-président, qui accède à la magistrature suprême, le pouvoir de passer outre la disposition initiale, en nommant, lui-même, son vice-président.

En outre, cette prise de position du Professeur Iba Der Thiam est fortement imprégnée de cette culture du parti unique qui réduit tout avis contraire à une volonté manifeste de faire un mauvais procès au pouvoir en place. Il s'agit là d'une difficulté évidente, non pas de tolérer, mais d'accepter l'esprit critique, une des conditions de possibilité de la démocratie. Une telle posture demeure solidaire d'un monolithisme qui interdit l'expression des contradictions dont l'éclosion se traduit par le pluralisme des courants d'idées. Or, c'est l'efficience de ce pluralisme – pas seulement partisan – qui confère aux contre-pouvoirs l'envergure qui leur permet de jouer leur véritable rôle de régulateurs du jeu démocratique.

Avec ce préjugé si tenace, parce que profondément ancré dans le monolithisme, on s'interdit de comprendre que constitutionnalistes, politistes, journalistes, hommes politiques, membres de la société civile, en faisant entendre leur voix, aient sans doute été mus par d'autres raisons que « la volonté délibérée d'alimenter les controverses défavorables à l'alternance ».

En vérité, tout se passe comme si ce qui irrite plus d'un, c'est ce recours à l'esprit critique. En braquant le regard oblique du soupçon sur le projet de ticket présidentiel, des

Sénégalais ont, en toute liberté, refusé de croire Me Abdoulaye Wade sur parole. Allant au-delà de la littéralité du discours et de la sonorité des mots, des citoyens se sont évertués de dévoiler les motivations sous-jacentes au projet de ticket présidentiel. Ils considèrent que, par-delà le prétexte aux accents républicains, le texte est densément travaillé par le désir quasi obsessionnel de gérer une fin de règne calamiteuse et de formaliser une dévolution du pouvoir se déclinant sous la forme d'un filialisme[44].

En fonction de cette lecture symptômale, le recul démocratique, que consacre la proposition de faire élire le futur président de la République même contre l'avis de 75 % des électeurs sénégalais, ne résulte ni d'une méprise ni d'un manque de maîtrise du langage juridique. Au contraire, il est le produit d'un double constat établi avec une lucidité déconcertante. Il s'agit de la prise de conscience du fait que le Pape du *Sopi* ne fait plus rêver l'écrasante majorité de ses concitoyens. Presque mot pour mot, cette interprétation est récurrente dans les différentes contributions dont celle du Professeur Abdoulaye Dièye : « Au-delà de ce que cela représente comme élément négatif pour notre démocratie, il y a là un aveu de taille : une perte de popularité décelée, une prise de conscience d'un effritement de la majorité. Les sondages crédibles ou non, récemment publiés dans la presse et créditant le candidat sortant de 25 à 30 % ont certainement fait tilt »[45].

---

[44] Cf, Alpha Amadou SY, « La Françafrique et la dévolution monarchique du pouvoir », in *L'Afrique et le défi républicain*, Op. cit., p. 219.
[45] Abdoulaye Dièye, *Op. cit.* S'inscrivant dans la même logique, Babacar Touré écrit : « Les estimations de vote régulièrement rendues publiques, crédibles pour certains, fantaisistes pour d'autres, mais toujours ayant un certain impact sur l'opinion, confinent l'actuel candidat à sa propre succession dans une fourchette comprise entre 25 et30% des suffrages

Dans une démocratie respectable, une telle prise de conscience aurait incité le détenteur du pouvoir à s'amanger une porte de sortie honorable ou à s'engager dans des politiques hardies de reconquête de la légitimité populaire.

Le projet de ticket présidentiel vise selon ses défenseurs à résoudre la délicate question de la dévolution monarchique du pouvoir. Pour la première fois, les libéraux soulèvent frontalement une problématique qui leur semblait jusqu'ici sans objet ou tabou. Mais, il en est de la philosophie comme des questions de société : on ne peut pas venir à bout d'une thèse en proclamant son impertinence. Sous ce rapport, il importe de saluer leur démarche, en tant qu'elle participe d'une exigence républicaine : contribuer à clarifier, autant que faire se peut, les questions considérées comme fondamentales, et pas seulement par les différents protagonistes du jeu politique.

Le débat suscité par le projet de ticket dépasse les seules préoccupations de la classe dite politique. Il focalise l'intérêt des chercheurs en sciences sociales, des membres de la société civile et de tous les Sénégalais inquiets des crispations du sort de la République. En témoigne ce rappel à l'ordre empreint, à la fois, de courtoisie et de fermeté du Cardinal Théodore Adrien Sarr à l'occasion de la rencontre au Foyer de la Charité du Cap des Biches : « Il faut respecter la Constitution. Certes, elle peut évoluer, mais si elle évolue trop, elle devient banale. Il y a des règles démocratiques qu'il faut respecter »[46].

---

favorables de ses concitoyens pour la présidentielle de 2012 », « Les 3 clés du royaume », *Op. cit.*
[46] Cardinal Adrien Sarr, *Le Pop* des 18-19 juin 2011.

L'Église chrétienne, dont l'implication citoyenne est très remarquable, n'a pas fait que remettre à l'ordre du jour la sacralité de la Constitution. Elle a, à haute et intelligible voix, dénoncé l'opacité qui entoure la réforme qui ne semble préfigurer rien de rassurant pour la stabilité républicaine. Dans cet ordre d'idées, le Président de la Conférence épiscopale, Monseigneur Jean Noel Diouf, évêque de Tambacounda, soutient sans ambages : « Nous attendons de voir, mais la marmite est en train de bouillir, des changements importants sont en cours. On s'inquiète... Rien ne se fait sans rien, il y a un objectif, un but que nous ne connaissons pas »[47].

Si les hommes d'Église font montre de beaucoup de prudence sur une question qu'ils savent si sensible, d'autres citoyens n'ont pas manqué d'affirmer leur forte conviction au sujet de cette réforme : la motivation, même inavouée, de Me Wade est de procéder à un tripatouillage de la Loi fondamentale en lui imprimant sa propre ambition qui est de rester contre la volonté populaire. Ce jugement est translucide dans ce propos d'Alioune Tine : « J'ai terminé mes deux mandats, il me faut un troisième mandat. C'est ce qui s'est effectivement passé avec le président du Niger, Mamadou Tandja. Il avait terminé son mandat, mais lui, au moins, a eu recours à un référendum pour avoir un troisième mandat et on sait aussi comment cela s'est terminé (...) »[48].

En fait, en matière de perversion démocratique, Wade est allé beaucoup plus loin que Tandja. Non satisfait de se passer du référendum, il a heurté plus d'un républicain par sa volonté quasi obsessionnelle de choisir pour les Sénégalais la personne qui doit les diriger. Et en

---

[47] Monseigneur Jean Noel Diouf, *Le Pop, Ibid.*
[48] Alioune Tine, *Entretien* avec Harouna Fall, *L'Obs* du 23/06/2011.

l'occurrence, il ne s'agit pas seulement d'une dévolution du pouvoir. Celle-ci, dans le contexte sénégalais, épouse les contours du filialisme.

Les partis politiques de l'opposition, les membres de la société civile, tout comme la plupart des constitutionnalistes et politistes, soutiennent que le projet de ticket, loin d'écarter l'idée de dévolution monarchique, consacre, pour des raisons déjà évoquées, la monarchisation de la Loi fondamentale.

Il n'est pas superflu de rappeler ici les réserves observées au sujet de la volonté de Wade de se faire remplacer par son fils. L'analyste Abdou Latif Coulibaly avait attiré l'attention sur le rôle regrettable joué par la presse dans « *cette promotion* » du fils du président. Dans le même ordre d'idées, l'animateur de la rubrique Mooñu soof avait lui aussi décrié la place démesurée accordée par ses collègues au président de l'ANOCI : « Karim Wade suba, Karim Wade midi, Karim Wade goon ! Voilà ce que nous sert depuis quelque temps la presse sénégalaise. En réalité, il n'est plus saugrenu de penser que la presse sénégalaise pourrait être payée pour parler de ce gamin dont le seul fait d'armes est de prendre les milliards du contribuable sénégalais pour les investir dans du béton dont l'utilité est encore loin d'être prouvée au peuple qui ne demande qu'à manger à sa faim... Mais pourquoi la presse devrait-elle perdre son temps à nous parler des costumes et cravates de Rimka ? »[49]

La presse, avec ses perversions dont le moindre n'est pas sa quête effrénée du sensationnel, porte une immense responsabilité dans cette « *ascension vers le sommet* » du fils du président. Cependant, il est important de ne pas ignorer non plus toute cette terrible logique qui, depuis 2001,

---

[49] *Walf Grand'place*, Mooñu soof, « La presse nous tympanise avec Karim Wade », 19/10/2007. *Suba* , matin, *ngoon*, soir

structure tous les actes posés par le chef de l'État pour propulser son fils dans l'espace du pouvoir[50]. En l'occurrence, le nombre de dénégations est presque égal à celui des mesures prises dans le sens de la promotion du fils. De 2001 à 2009, demeure une singulière séquence dans les relations entre Me Wade et Karim Wade. Tout se passe comme si Wade est devenu progressivement admiratif d'un fils à qui il en voulait d'avoir souvent préféré aller à la plage quand les enfants des autres se mobilisaient, parfois au risque de leur vie, pour le porter au pouvoir. De Conseiller spécial discret, Karim Wade fera irruption sur la scène publique en devenant le président contesté de l'insolite structure dénommée Agence Nationale de l'Organisation de la Conférence Islamique (ANOCI).

Malgré les résultats mitigés[51], le chef de l'État tombera sous les charmes d'un fils chez qui il aurait découvert des compétences vraisemblablement insoupçonnées. Affichant sans ambages sa satisfaction, Me Wade prendra, devant des Sénégalais culturellement habitués à minorer pour ne pas dire occulter les qualités de leurs progénitures, cet engagement : « Je dirai à ta maman que tu as bien travaillé ». Sans doute, cette appréciation élogieuse du père a dû inspirer, au secrétaire général du PDS, l'idée de lui tracer rapidement une carrière politique. Celle-ci trouve son acte inaugural dans sa candidature au poste de conseiller

---

[50] Ayant prêté attention à cette perversion qui devenait progressivement manifeste, Mamadou A Ndiaye et moi avions proposé la discrimination positive qui garderait les enfants du président hors des sphères du pouvoir. Cf « La République en détresse », *Sud quotidien*, des 31 mars et 1,2 et 3 avril 2004 ; « La République à l'épreuve du jeu politique », à partir du 18 juillet 2005 ; « Le Messianisme face aux exigences de l'État de droit », *Sud Quotidien* du 15 au 22 avril 2006.
[51] Cf. Abdou Latif Coulibaly, *Contes et mécomptes de l'A. N. O. C. I*, Dakar, Éditions Sentinelles, août 2009.

municipal de la ville de Dakar. Le fils, même battu dans son propre bureau de vote, verra le destin inchangé.

Substituant la légalité républicaine à la légitimité populaire[52], le Président Wade confectionnera, à la faveur de son enfant, un ministère d'une ampleur ahurissante, au regard de l'inexpérience du nouveau promu. Cette propulsion du fils va s'opérer, parallèlement, par une mise à l'écart de tous les militants soupçonnés, à tort ou à raison, d'être de potentiels concurrents. Cette option est fortement imprégnée d'une culture anti-éthique qui sacrifie la fidélité, l'engagement et la compétence sur l'autel du népotisme. C'est pourquoi cette montée en puissance atypique de Karim Wade a généré un profond sentiment d'injustice qui n'affecte pas seulement les adversaires politiques des libéraux, mais tous les citoyens qui restent aujourd'hui encore convaincus que la vocation du politique est d'être au service de la cité, en militant pour la sauvegarde des valeurs fondatrices de l'*humanitude* (Albert Jacquard).

Le psychologue Serigne Mor Mbaye a bien mis en évidence cette perversion à l'œuvre dans la gouvernance du Chef de l'État : « Le père (Wade) a sanctionné tous les gens de la génération de son fils qui l'ont pourtant conduit au pouvoir. Idrissa Seck a conduit Wade au pouvoir, Macky Sall est venu défendre Wade. Ceux-là ont été sanctionnés pendant que le fils biologique plastronne, alors qu'il n'a pas de carrière politique ou autre chose »[53].

L'énigme sur la finalité des actes posés par Wade se dissout au fur et à mesure que s'approche le 26 février, date prévue pour la tenue de la présidentielle de 2012. Et comme avec un puzzle, à force de rassembler,

---

[52] Cf, Alpha Amadou Sy, *L'Afrique et le défi républicain*, Op. cit., p. 88.
[53] Serigne Mor Mbaye, « Le ton est pathétique, quasi-enfantin. Il a peur... », Entretien avec Harouna Fall, *L'obs* du 04/07/2011.

minutieusement, les différents éléments, l'on finit par en reconstituer l'ensemble ! Aussi, le président Wade, en dégageant progressivement le profil de son remplaçant dans le moyen ou long terme, avait presque écrit en pointillé le nom de son successeur. Attentif aux sensibilités des uns et des autres, le chroniqueur Mame Less Camara souligne : « Et l'opinion, la classe politique et une bonne partie de la société civile avaient la crainte que le destinataire de ce pouvoir ne soit personne d'autre que son fils »[54].

Pour s'en rendre compte davantage, il importe de rappeler que, dans le projet initial de vice-président, il a été souvent question de respect de la loi de la parité. De ce fait, il se susurrait que, puisque le premier ministre était un homme, fortes étaient les probabilités pour qu'une femme soit la vice-présidente[55]. Mais, comme pour lever toute équivoque, le texte raye d'un trait de plume une mesure adoptée tambour battant : « La spécificité de la fonction exécutive, en particulier de la fonction présidentielle,

---

[54] Mame Less Camara, « Karim est au bord des nerfs », Entretien avec Latyr Mané, *L'Obs* du 04/07/2011.
[55] Dans *l'Afrique et le défi républicain*, nous avions formulé cette observation : « ...Le projet lui-même participe d'une diversion politique consistant à détacher les citoyens des impératifs de survie, pour focaliser leur attention sur une initiative qui a tout l'air d'un jeu d'échec. De ce fait, la dépense quotidienne, la santé, l'éducation, les récurrentes coupures d'électricité sont reléguées au second plan au profit de la question de savoir qui sera sous les bonnes grâces du président : un homme ou une femme ? Idrissa Seck ? Aminata Tall ou un ou une illustre inconnue que Wade se ferait le plaisir de sortir de l'ombre ? Procédant par élimination, Kane écrit : « Madame Awa Ndiaye, ci-devant ministre de la femme, est nommée ministre d'État auprès du président de la République. Elle venait de crier sous la fenêtre du chef de l'État, par le biais de ses partisans, pour réclamer son retour immédiat au gouvernement. Hélas, c'est chose faite ! Finalement, Maître Wade déjoue encore tous les pronostics : la vice-présidente, ce n'est pas Mme Ndiaye ». p. 96.

explique et justifie que l'on n'applique pas au ticket présidentiel la loi 2010-11 du 28 mai 2010, instituant la parité absolue prévue dans les fonctions électives »[56].

En un mot comme en mille, une lecture psychanalytique du projet de ticket présidentiel laisse apparaître un auteur et/ou un commanditaire en réel état de fébrilité. Cette fébrilité est due à ce qui est interprété comme une préoccupation quasi obsessionnelle de faire un mandat afin, principalement, de frayer à son fils la voie royale qui mène au sommet de l'Exécutif. Mais, cette réforme porte aussi de manière indélébile les angoisses d'un capitaine confronté à la réalité de l'âge. C'est pourquoi il est systématiquement traversé par le souci de parer à toute éventualité, au risque de verser dans des détails qui sont incongrus dans un texte juridique de cette facture.

Cette volonté irrationnelle de défier le Temps est la vérité du projet dont le texte a été décrié tant dans sa formulation, dans son contenu que dans ses conditions d'adoption. Quand la conscience de la limite dans le temps rencontre le défi démesuré de s'éterniser au pouvoir, l'angoisse de la finitude prend la forme d'un traumatisme plus accentué. Cette dimension du projet de loi n'a pas échappé à la vigilance de la militante libérale, Dr Abibatou Baba Anta Boye : « Jamais, dans l'histoire de ce pays, un projet de révision constitutionnelle n'aura autant fait référence à la mort »[57].

---

[56] Projet de texte cité par Dr Abibatou Baba Anta Boye, « Pour qui nous prenez-vous ? », *Sud quotidien*, du 22/juin/2011. Indignée, la militante libérale poursuit sous le mode de l'interrogation : « ...Quelle est cette spécificité de la fonction présidentielle au moment où le Libéria est dirigé depuis des années par une Présidente de la République et le Brésil vient d'élire une femme à sa tête ? »
[57] Dr Abibatou Baba Anta Boye, « Pour qui nous prenez-vous ? », *Sud quotidien*, du 22/juin/2011.

Quelques jours après la mémorable journée du 23 juin, Me Wade confortera, avec ce style qu'on lui reconnaît, cette tendance lourde dans l'opinion sénégalaise : « Personne dans l'opposition n'a la compétence économique et financière de Karim ». Plus explicite, il ajoute qu'il ne lui déplairait pas « que son fils devienne président de la République du Sénégal »[58].

---

[58] Abdoulaye Wade, Entretien avec Laurent Larcher, La-croix.com (repris par le Quotidien du 22/07/2011).

Chapitre III

Les citoyens, acteurs de la révolte républicaine du 23 juin

On entend dire, non sans pertinence d'ailleurs, que les Sénégalais, qui ont stoïquement supporté l'augmentation vertigineuse des prix des denrées de première nécessité, les coupures intempestives de l'électricité, sont entrés dans une colère noire dès qu'il a été question de leur liberté, garantie par la Constitution ! Il est vrai que le Sénégal n'a jamais connu d'émeutes de la faim ni une manifestation citoyenne de cette ampleur, en dépit du glissement progressif de la pauvreté vers la misère. Il est du reste significatif, à cet égard, que les protestations les plus musclées contre les coupures intempestives d'électricité aient eu lieu, quatre jours après la mémorable journée du 23 juin.

Mais, ce facteur, bien qu'important et même déterminant, ne saurait à lui tout seul rendre intelligible cette révolte citoyenne. Aussi, importe-t-il ici de mettre à profit le mode de pensée dialectique qui récuse le fait de réduire la cause d'un phénomène naturel, historique et/ou social à son mobile apparent. En l'occurrence, c'est bien un ensemble de perversions, d'injustices et de frustrations qui constituent, quant au fond, la vérité du 23 juin.

Indéniablement, c'est le projet de ticket présidentiel, tel qu'analysé dans le chapitre précédent, qui a déclenché la mobilisation populaire, rompant du coup avec ce qui a toujours été considéré comme relevant de la frilosité des Sénégalais et de leur propension au pacifisme. Cependant, comme en attestent les événements historiques, la cause immédiate, quoiqu'importante, n'est pas toujours déterminante dans « le mouvement par lequel un homme seul, un groupe, une minorité ou un peuple tout entier dit : "je n'obéis plus" et jette à la face du pouvoir qu'il estime injuste le risque de sa vie »[59].

En vérité, le mouvement citoyen du 23 juin 2011 résulte d'une série de privations, de déceptions et de frustrations, profondément incrustées dans le vécu des Sénégalais le long de cette dernière décennie. La colère des citoyens a été d'autant plus forte que le nouveau pouvoir a procédé au dévoiement de l'idéal originel de l'alternance, lequel était décliné en ces termes : procéder au renforcement démocratique, assainir les mœurs politiques, combattre la corruption et son corollaire, la transhumance, réduire le train de vie de l'État, et répercuter sur le panier de la ménagère les retombées de la croissance économique.

Du coup, la crise sociale, héritée du régime socialiste, au lieu d'être jugulée, a atteint des proportions au seuil de l'humainement supportable. Certes, le pouvoir issu de l'alternance a procédé à des hausses substantielles des salaires des travailleurs, singulièrement dans les secteurs de l'enseignement supérieur et de la magistrature[60].

---

[59] Michel Foucault, « Inutilité de se soulever », le Monde du 11/05/1979.
[60] Cette augmentation de salaires, consentie apparemment au mépris de toute orthodoxie en matière de gestion des deniers publics, nous avait inspiré ce commentaire : « ...Il est évident que tout travailleur est en droit de bénéficier des conditions optimales de performance. Sous ce rapport, toutes les luttes allant dans ce sens sont toutes légitimes et, comme telles, méritent d'être soutenues. Ainsi donc, la question n'est

Cependant, ces augmentations sont inversement proportionnelles avec la célérité avec laquelle les prix des denrées de première nécessité connaissent une hausse. Mieux, si l'on considère que la totalité des salariés du public et du privé réunis ne font pas 20 % de la population, on se rend compte de l'effet peut-être pas toujours nul, mais dérisoire de cette augmentation. Qui plus est, elle épouse des accents pervers dans la mesure où l'écrasante majorité des Sénégalais, bien que n'étant pas salariés, subissent, pourtant, les contrecoups de la flambée des prix des denrées de première nécessité.

À ce malaise social chronique sous l'alternance, est venu se greffer ce fléau que sont les inondations. À ce sujet, ce qu'on est en droit de reprocher au nouveau pouvoir, ce n'est pas d'avoir laissé les populations habiter dans des cuvettes. Cette responsabilité incombe au régime socialiste qui n'a pas su prendre les devants, en viabilisant les sites convoités par les sans-abris. Dans la plupart des villes du pays, des citoyens, confrontés à la délicate question du

---

pas tant de s'opposer à cet effort des pouvoirs politiques, que de montrer la nécessité d'étendre ces mesures au niveau des catégories sociales économiquement plus fragiles. Le débat devient plus passionnant quand on soupçonne le fait que ces actes soient sous-tendus par un calcul politicien visant à rendre les magistrats lénifiants par rapport aux libertés que se donne le pouvoir pour garantir sa conservation. L'esprit de soupçon est d'autant plus de rigueur que l' Association des Magistrats du Sénégal regrette une sorte de jeu de dupe amenant le pouvoir à retirer de la main gauche ce qu'il a accordé par la main droite. Effectivement, Alioune Niane n'a pas manqué de situer dans cette pernicieuse stratégie les montants exorbitants des impôts qui s'élèvent entre 300 et 400 mille francs CFA. Qui plus est, ajoute-t-il, l'affectation des parcelles au niveau de la « Bande verte » est restée une promesse politicienne, nous voulons dire sans suite », *L'Afrique et le défi républicain*, *Op. cit.*, p. 46.

logement, ont fait les frais de ce laxisme déconcertant du défunt régime.

L'ire des populations contre le pouvoir libéral provient plutôt du pilotage à vue rythmé par des promesses, souvent politiciennes, de mise à terme du calvaire des victimes. En 2005, prétextant les inondations, le président de la République avait pris la décision unilatérale de reporter les consultations locales. Selon le président de la République, ce report permet de faire « une économie de 7 milliards, que nous affecterons à l'opération de relogement des sinistrés » des inondations. Cette somme sera portée à 52 milliards (de FCFA, grâce à la proposition consistant à demander aux parlementaires la mobilisation de « 75 % des budgets prévus pour les fêtes de l'indépendance décentralisées en 2006 »[61].

Aujourd'hui, tout laisse penser que le Plan *Jaxaay*, objet de bien de controverses, n'a pas répondu aux fortes attentes des ayants droit. Certes, des sommes faramineuses sont exhibées à l'occasion de la visite de tel ou tel responsable libéral. Mais, ces réactions, par à coup, ne sauraient être une réponse satisfaisante à ce douloureux et récurrent problème. Pire, cette stratégie, dictée par la ruse politicienne, suscite la colère des citoyens qui ont le sentiment que chaque membre du gouvernement privilégie son fief, afin d'en engranger froidement les dividendes politiques. Il s'agit, en fait, d'une application perverse d'un vieux mot d'ordre du président de la République qui mettait en demeure ses ministres de remporter les élections dans leur fief : « Que chacun gagne chez soi, je m'occupe du reste du pays ».

---

[61] Cf. Abdoulaye Wade, cité dans *l'Afrique et le défi républicain*, Op. cit., p. 50.

Avec cette politique, qui fait le lit de l'ethnicisme et du régionalisme, on réalise pourquoi les populations tiennent à ce que leur localité ait un représentant au niveau du gouvernement. Cette revendication, au demeurant irréaliste, est le corollaire du manquement, au plus haut niveau, de l'esprit républicain qui exige au responsable de transcender les différences confessionnelles, territoriales et sociales pour être au service de la communauté dans sa totalité.

La grande chaîne de contestation sociale sera vigoureusement renforcée par ce nouveau et puissant maillon qu'est ce courant social né de la lutte contre la Société nationale d'électricité (SENELEC). Dans l'*Afrique et le défi républicain*, auquel nous renvoyons le lecteur[62], nous avions mis en évidence toute la portée citoyenne de la dynamique initiée avec succès par le Collectif des Imams de Guédiawaye. La question de l'énergie s'est avérée d'autant plus fédérative qu'elle est transversale : toutes les catégories socioprofessionnelles et même les adolescents ont un recours vital à l'électricité.

Avec le recul, il est loisible de faire observer que Wade a réussi la prouesse d'élargir la base sociale de la contestation jusqu'à y intégrer des adolescents de la tranche d'âge entre 12 et 14 ans. Ces jeunots, qui n'envahissaient les rues qu'à l'occasion des victoires des Lions du football, de leur équipe locale ou de leur lutteur, se sont impliqués progressivement dans les mouvements de protestation, jusqu'ici animés par leurs grands frères et leurs parents. Dans ses investigations, Mariama Sangaré a élucidé les raisons de l'engagement de cette fragile frange de la société.

---

[62] Alpha A. SY, *L'Afrique et le défi républicain*, Op. cit. voir sous-chapitre « De l'entrée en scène des pharmaciens et des imams », p. 112.

La première tient aux fâcheuses incidences de la coupure d'électricité au niveau du vécu des citoyens : « Moi, mon frère travaille dans une menuiserie métallique ; avec ces coupures, il n'arrive plus à respecter ses délais de livraison. Dès qu'il est sorti, je l'ai suivi »[63]. Il s'y greffe cette seconde plus déroutante. À côté des revendications classiques des ouvriers, paysans, fonctionnaires et autres, est venue s'ajouter une de type nouveau, à la faveur du développement des technologies de l'information et de la communication. Ceux qui animent la contestation sociale, ce ne sont plus seulement les tailleurs, menuisiers, gérants des grandes surfaces de froid, et autres travailleurs qui n'ont même pas les moyens de se procurer des groupes électrogènes. C'est aussi des enfants dans l'univers desquels Internet et l'ordinateur ont fini par s'imposer comme des compagnons incontournables. Ce phénomène apparaît avec relief dans ces propos de cet enfant : « Comment allons-nous faire pendant les vacances si nous n'avons pas de courant pour charger nos portables, tchatter avec nos amis ? Moi, je passe la plupart de mes journées devant l'ordinateur, ma mère ne veut pas que j'aille à la plage »[64].

Certes, cette enquête porte sur les émeutes contre l'électricité, déclenchées le 27 juin sur presque la totalité du territoire sénégalais. Elle n'en révèle pas moins cette profonde colère qui sommeillait en eux depuis un bon moment. Du coup, cette investigation de Mariama Sangaré permet de comprendre l'ampleur du ras-le-bol qui s'est saisi des Sénégalais ce jeudi 23 juin 2011. Cette ambiance en elle-même suffisamment délétère sera envenimée par une panoplie d'autres perversions qui va contribuer à creuser le

---

[63] Cité par Mariama Sangaré, « Le péril jeune », *Enquête Le Journal* du 28/06/2011.
[64] *Ibid.*

gap déjà considérable entre les citoyens et les tenants du pouvoir issu de l'alternance du 19 mars 2000.

Très précisément, le « *mâtay* » (« *je m'en foutisme* ») qui était vigoureusement dénoncé sous le régime socialiste par des Sénégalais, atteindra un niveau qui dépasse de loin le pensable en la matière. Ce « *mâtay* », par-delà l'irresponsabilité par laquelle s'opèrent le tripatouillage constitutionnel et les nombreux « *réaménagements* » gouvernementaux, se déploie sous un double axe.

Il s'agit, d'abord, du règne tous azimuts de l'impunité. Les coups de marteau administrés à Talla Sylla, dans un scénario digne du Far West, l'assassinat de Balla Gaye, de Malick Bâ, d'Abdoulaye Wade Thiougoume sans oublier les victimes du bateau le *Joola*, constituent autant d'actes impunis qui ulcèrent les républicains. Et leurs retombées sont d'autant plus négatives qu'ils propagent facilement le sentiment d'insécurité et l'idée d'une justice à deux vitesses. Du coup, les chances d'ancrage de l'esprit républicain s'en trouvent dangereusement compromises, dans la mesure où les citoyens n'ont plus l'opportunité de s'approprier progressivement du projet républicain à partir de l'exemplarité des actes de justice.

Le second axe, qui vient doubler cette impunité, est cette valse des milliards qui a fini par donner l'impression que le Sénégal aussi est une « *République des mallettes* »![65] De la « cola » gracieusement offerte au résident partant du FMI, aux milliards dépensés ostentatoirement pour le FESMAN et le monument dit de la Renaissance africaine en passant par les liasses de billets distribués aux marabouts, souteneurs et visiteurs de tout acabit reçus à l'Avenue

---

[65] Pierre Péan, *La République des mallettes*, Paris, Fayard, 2011.

Senghor se configure une sorte de clans des prédateurs de la République.

En plus de l'effet détonateur constitué par le projet de ticket présidentiel, cette journée mémorable a bénéficié d'un atout sans doute inédit dans l'histoire politique du Sénégal : l'unité d'action entre la société civile et les formations politiques de l'opposition.

Ni mai 1968, considéré comme année de braise dans la contestation sociale ni février 1988, moment fort de l'irruption des jeunes sur la scène politique ni mars 2000, progressivement intégré dans l'imaginaire des Sénégalais comme un des moments fondateurs de la République des citoyens, n'ont bénéficié d'une aussi remarquable poussée populaire. S'il est vrai que le mouvement de masse qui a secoué le monde entier vers la fin des années 1960 n'a pas épargné le Sénégal, il reste que, pour avoir a été essentiellement circonscrit dans le milieu scolaire et estudiantin, avec une participation éphémère de la classe ouvrière, sa portée a été relativement limitée. Cette limite est d'autant plus avérée que, comme le souligne le Professeur Abdoulaye Bathily[66], en sa double qualité d'acteur et d'historien, les militants politiques, censés encadrer les grévistes, étaient eux-mêmes confrontés à des difficultés internes. Précisément, les membres du Parti

---

[66] Abdoulaye Bathily, *Mai 68 à Dakar ou la révolte universitaire et la démocratie*, Paris, Édition Chaka, 1992. Le chercheur peut enrichir ses matériaux, en mettant à profit cette lecture d'un homme qui était du côté du pouvoir au moment de ces évènements : « Dans un tract du 30 avril, l'Union des Étudiants de Dakar appelle à la mobilisation générale des travailleurs et des étudiants. La fin du tract dit : « Vive la lutte des étudiants aux côtés de leur peuple ! Vive la lutte des travailleurs pour un monde exempt d'exploitation et d'oppression ». Ousmane Camara, *Mémoires d'un juge africain, Itinéraire d'un homme libre*, Paris, Éditions Karthala-CREPOS, 2010, p. 159.

Africain de l'Indépendance, ancêtre de la Ligue démocratique/Mouvement pour Le parti (LD/MPT) et du Parti et de l'Indépendance et du Travail, en proie à des contradictions de ligne, n'ont participé à cette lutte qu'à titre individuel.

Dans le même ordre d'idées, l'implication de certaines centrales syndicales dans le triomphe de l'alternance en mars 2000 est à souligner. La Confédération des Syndicats Autonomes et l'Union Nationale Autonome des Syndicats du Sénégal ont, d'une manière ou d'une autre, pesé dans la défaite du pouvoir socialiste.

Seulement, la démarche unitaire initiée par le CASC sera d'une portée sans commune mesure avec toutes les expériences antérieures dans ce domaine. L'instance fédérative s'est proposé de « constituer un bouclier citoyen contre les dérives qui menacent » le « présent et hypothèquent l'avenir ». Dans cet esprit, elle milite en faveur du rassemblement de tous, de la mutualisation de l'information et de la coordination des actions des différents membres « au sein d'une Coalition souple, avec comme objectifs généraux de : créer les conditions d'émergence d'une opinion significative capable de constituer un contre -pouvoir, d'infléchir les tendances négatives et de contribuer au progrès social et économique du Sénégal afin de relever le pouvoir d'achat des populations et leur assurer une vie digne et heureuse ; servir de bouclier contre les dérives attentatoires aux principes fondateurs de la République et à l'unité nationale ; s'ériger en sentinelle veillant au respect des valeurs positives et aux pratiques d'une gouvernance transparente et démocratique orientée par les intérêts supérieurs de la nation et de contribuer au renforcement et à la préservation d'un État de droit »[67].

Sous ce rapport, le projet de ticket présidentiel ne pouvait qu'être un test grandeur nature pour le CASC à qui le pouvoir offre l'opportunité de fournir aux sceptiques la preuve de la pertinence de sa naissance. Le rubicond une fois franchi, le CASC contribue de manière remarquable à l'unification des forces sociales et à la massification des manifestes potentiels. Cet acquis résulte du fait qu'il a apporté au mouvement ce crédit que ne pouvaient lui assurer les formations, souvent suspectées d'être uniquement motivées par la quête du pouvoir.

L'effet immédiat a été l'organisation de fructueuses rencontres. Celles-ci ont permis, certainement dans la douleur, de s'accorder sur un certain nombre de points, dont la date, le lieu et les modalités de la manifestation. Ce résultat est considérable au regard du fait que le onzième anniversaire de l'alternance a été commémoré dans la dispersion. Mieux, à quarante-huit heures du passage du projet de loi en plénière à l'Assemblée nationale, la question de savoir comment organiser la riposte populaire restait une interrogation posée et à résoudre impérativement.

Cet acquis au plan organisationnel de la coalition société civile et des formations politiques a été un atout d'autant plus précieux que la journée républicaine du 23 juin, contrairement au printemps tunisien, n'a pas vraisemblablement été portée par de puissants réseaux sociaux. Partageant avec ses lecteurs le fruit de ses investigations, Sophiane Bengeloune écrit : « Les manifestations des 22-2 et 27 juin sont-elles spontanées ? Un tour sur les réseaux sociaux sur le web tend à l'asseoir.

---

[67] Manifeste du CASC signé à Dakar le 04 mai 2010.

En tout cas, ceux qui sont soupçonnés d'être les meneurs, à tout le moins, les inspirateurs des jeunes révoltés, ont été plutôt « dormants » lundi. Les pages facebook du mouvement « Y'en a marre » (14695 « amis ») et Doyna seuk (2118 « amis », principaux pôles d'attraction, sont restées vierges de toute directive ou consigne quant aux émeutes du 27 juin »[68].

La touche de la jeune coalition des organisations de la société civile et des personnalités indépendantes apparaît aussi dans l'encadrement idéologique et politique de la manifestation du 23 juin 2011. Certes, quand, dans le feu de l'action, la passion menaça de se soumettre la raison démocratique, ce sont quelques jeunes membres de *Benno* qui se sont efforcés de dissuader la foule de ne pas aller au Palais. Mais, il reviendra au CASC, dans la même disposition d'esprit que les rappeurs, de peser de tout son poids pour éviter que le slogan « *Wade dégage* », inspiré de ce mot d'ordre qui a fait les beaux jours du printemps arabe et repris même par certains ténors de *Benno*, ne participe à dévoyer la manifestation par méprise sur l'objectif.

Le mimétisme, en triomphant, aurait donné au pouvoir libéral l'opportunité de procéder à une répression féroce des manifestants. Car tant que la cible restait la vive protestation contre le ticket présidentiel, l'État, toujours soucieux de son image, ne pouvait réprimer sans ménagement, sous peine de soulever l'ire des défenseurs des droits de l'homme et de la communauté internationale.

En toute rigueur, cette répression féroce déboucherait sur la prise de mesures outrancièrement liberticides que les forces nouvellement coalisées auraient, du mal à combattre avec succès et à moindres frais. La lucidité politique se

---

[68] Sophiane Bengeloune, « *La révolte vue de Twitter et facebook* », *Enquête* du 28/06/2011.

substituant à la passion, le CASC en phase avec le « Mouvement Y'en a marre », réussit à opérer un recadrage qui consista non pas à demander à Wade de dégager, mais de procéder au « retrait du projet de la loi révisant la constitution ; au rejet de sa candidature inconstitutionnelle ; à l'organisation d'élections libres et transparentes en 2012 et à la prise en charge par l'État des problèmes sociaux : électricité, inondation, prix des denrées... »

Le dernier, mais pas le moindre, la journée du 23 juin a bénéficié de cette extraordinaire explosion médiatique qui s'est opérée sous les effets conjugués de l'usage des technologies de l'information et de la communication et du recours à cette langue pratiquement parlée sur l'étendue du territoire national, à savoir le wolof.

Jamais, dans l'histoire politique du Sénégal, l'apport des médias n'a été aussi décisif. Déjà en mars 2000, la mise à contribution des téléphones portables pour sécuriser le scrutin avait amené certains observateurs, surtout occidentaux, à minorer l'engagement des citoyens en parlant de révolution des cellulaires.

Avec la révolte citoyenne du 23 juin, l'implication des médias et des nouveaux supports technologiques aura été autrement plus complexe. À preuve, la radio et la télévision ont eu à jouer un véritable rôle de relais entre ces trois pôles que sont : la rue, occupée par les citoyens en colère, l'Assemblée, lieu de validation du projet de ticket présidentiel et le Palais de la République. En l'absence de facilitateur pour rapprocher les parties antagonistes, les concessions faites par le pouvoir sont relayées par la presse. Ce faisant, les manifestants, informés, réagissent eux aussi par médias interposés. Ainsi, quand le chef de l'État amputa de son projet le quart bloquant, mis au courant par le canal médiatique, les citoyens usant du même support diront niet, non sans dénoncer ce que le Professeur Bathily qualifiera de vil marchandage ! Autre phénomène révélateur de cet impact de la presse : dans l'Assemblée nationale, des députés avaient les oreilles collées à leur poste radio pour être édifiés, par les reportages et interviews, sur l'état d'esprit et les intentions des manifestants.

Par ailleurs, des informations en temps réel, des reportages en direct sur les points chauds, le tout couronné par des « plateaux » et des tribunes relativement relevés ont permis aux Sénégalais, arrachés à la mainmise de la langue de Molière, de se mettre à l'heure de la citoyenneté assumée. Sans doute, les jeunes d'aujourd'hui auront du mal à se faire une idée de l'immense conquête démocratique que constitue cet accès à l'information plurielle, favorable au traitement diversifié, une des conditions pour la constitution d'une opinion publique, atout important dans toute vie véritablement démocratique.

Pour les en persuader, il suffit de rappeler cette immense marge de manœuvre dont disposaient les services de Léopold Sédar Senghor pour organiser la désinformation afin de jeter l'anathème sur ses compatriotes porteurs de revendications politiques. Dans son ouvrage *Mémoires d'un juge africain*, Ousmane Camara a, à ce sujet, donné des informations précieuses sur la stratégie du Président-poète en matière de sondage et de contrôle de l'opinion publique : « Pour lancer des « ballons d'essai « ou orienter l'opinion publique dans une direction souhaitée, le Président, par l'intermédiaire de son chef de cabinet, se sert d'agents » commissionnés dans les fonctions d'inspecteurs de police », ce qui leur permet d'avoir un salaire mensuel en contrepartie de leur présence permanente dans les « grandes places », les mosquées, les arènes, les hippodromes, les stades, les cérémonies familiales, en un mot partout où on peut échanger »[69].

Le Professeur Abdoulaye Bathily, confirme dans cette lancée que, pour endiguer la révolte des étudiants, ces bien singuliers agents de l'État avaient fait circuler la rumeur selon laquelle le pays serait envahi par les ressortissants d'une nation appelée *Tudiant*[70]. Ce mode de désinformation est impensable à l'heure où, par la « magie » des cellulaires, d'internet et des émissions interactives, l'accès à la véritable information ne peut plus être torpillé par de pareilles manipulations.

À l'obsolescence des moyens de communication de l'époque, s'est substituée une formidable performance médiatique qui a permis à tous les citoyens d'être pratiquement au même niveau d'information. Ce contexte a été favorable à la généralisation du ras-le-bol, caractérisé aussi bien par sa transversalité que par sa territorialité. Par le truchement des nouveaux instruments d'information les

---

[69] Ousmane Camara, *Mémoires d'un juge africain*, Op. cit. p. 154. Les populations sans en avoir forcément une claire conscience de cette manœuvre savaient que l'État senghorien était très policier. On nous mettait souvent en garde contre les « agents secrets » qu'on pensait voir partout. Cette psychose était plus nette au lendemain de la crise entre Senghor et Dia.

[70] « ... Le gouvernement essaya, sans succès, d'organiser des manifestations de soutien en faisant venir à Dakar, par train et en camions, des groupes de paysans. Les recruteurs avaient fait croire à ces paysans que le Sénégal avait été envahi à partir de Dakar, par une nation appelée Tudian, (étudiant), et qu'on faisait appel à eux pour défendre le pays. Par groupes, ces paysans furent déposés aux Allées du Centenaire, (actuel boulevard du Général De Gaulle), avec leurs armes blanches, (haches, coupe-coupe, lances, arcs et flèches). » Abdoulaye Bathily, *Mai 68 à Dakar ou la révolte universitaire et la démocratie*, Paris, Édition Chaka, 1992, p. 88.

récriminations et le sentiment d'injustice, se sont, pour ainsi dire, incrustés dans toutes les couches sociales. Cette réalité est exprimée avec relief par le secrétaire général du SUTSAS (Syndicat Unique des Travailleurs de la Santé et de l'Action sociale), Mballo Dia Thiam qui soutient que : « Ce qui a été fait le 23 juin, "Touche pas à ma constitution", aurait pu se faire pour la santé »[71]. Ajoutons : mais aussi pour l'école, pour les terres des collectivités locales[72], pour l'électricité, pour le pouvoir d'achat, pour la presse, pour les arts et la culture, pour les mareyeurs, pour les mutilés de guerre, etc.

Cette transversalité est doublée par une remarquable diversité territoriale des manifestants. En plus des villes, traditionnellement chaudes du Sénégal, plusieurs localités ont été des foyers de protestation citoyenne. Cette vague de protestations va vite déborder les frontières du pays grâce à la mise à profit de cet atout que constitue la mondialité. Dans cette dynamique de la citoyenneté délocalisée, des Sénégalais, vivant en Europe et en Amérique du Nord, ont tenu à faire leur ce combat contre l'arbitraire et les dérives autocratiques. Ne se contentant pas de rassemblements dans certains consulats et ambassades, ils développent d'autres initiatives. Selon le quotidien le *Pop*[73], des Sénégalais de la diaspora ont créé un site et lancé une pétition. Parmi les initiateurs, le journal a cité de nombreux ressortissants au nombre desquels : Barthélémy Faye, avocat

---

[71] Mballo Dia Thiam, Entretien avec Aly Fall, *Le Quotidien* du 26/07/2011.

[72] En plus de leur malaise datant pratiquement de l'époque coloniale, les paysans voient leurs terres spoliées par « les agriculteurs du dimanche » subitement atteints de boulimie foncière. Cf « Révolution agricole et Goana, au-delà des mots, les maux », in *L'Afrique et le défi républicain*, Op. cit., p. 133.

[73] *Le Pop* du 06/07/2011 signale la création du site www.stopwade.org.

à Paris, Mame Fatou Diagne, économiste à Washington, Momar Dieng, mathématicien et économiste à New York, Mamadou Diouf, historien à New York et Mama Sougoufara, ingénieur à Paris.

Chapitre IV

Le mouvement « Y'en a marre » ou quand la jeunesse assume sa citoyenneté

Marx faisait observer que la philosophie n'est pas hors de la société tout comme le cerveau n'est pas extérieur à l'homme, quoiqu'il ne se situât pas dans son estomac. Autrement dit, s'il est vrai que les rapports de détermination des réalités socio-économiques et le discours philosophique ne sont pas translucides en eux-mêmes, ce n'est pas une raison pour hypostasier ce mode de pensée. Cette mise en garde est, à bien des égards, recevable pour la production artistique, notamment l'œuvre musicale.

Cette forme d'expression artistique, dont la diversité témoigne de la fécondité de l'esprit humain, est traversée par des courants fortement imprégnés des contradictions les plus saillantes de la société. Ce rapport ne relève pas ipso facto de la glasnost[74], surtout quand on sait que l'oreille, sous le charme de la sensation, a du mal à opérer le recul que suppose l'exercice de l'esprit critique. Néanmoins, la musique, tout en surfant dans l'univers du sensationnel et du ludique, intègre et s'intègre dans les préoccupations les plus essentielles des hommes.

---

[74] Transparence, pour reprendre un terme cher à Michael Gorbatchev, initiateur de la pérestroïka, la Restructuration.

Cette tendance imprègne densément le jazz qui exprime les plaintes et complaintes des esclaves condamnés à cultiver les champs de coton et de canne à sucre. Elle est aussi fortement identifiable dans la soul music qui se propose de donner aux Noirs la conscience de leur Être et les incite à exercer le droit de s'affirmer dans une société américaine archi raciste.

Sous ce rapport, ce courant musical demeure l'un des leviers artistiques du combat politique mené par Malcom X, Martin Luther King, Angela Devis. De ce point de vue, il est loisible de comprendre cette capacité extraordinaire d'un James Brown à susciter l'hystérie des foules à l'occasion de ses concerts. Ce pouvoir ne lui était pas uniquement conféré par ses talents avérés de chanteur et de danseur. Il le tenait aussi du caractère subversif du message dans un pays où la majorité blanche et chrétienne a du mal à être en phase, à la fois, avec la Loi fondamentale et les recommandations humanistes de la *Bible*. Son « *I am black, I am proud, say it loud* »[75] avait fini par être un cri de liberté et d'identité, repris par bien des damnés de la terre !

Plus récemment, cette soif de liberté est apparue avec force dans la musique reggae, telle que popularisée par le mythique Bob Marley. Dans le courant musical auquel il a imprimé sa philosophie et son style, la lutte pour le triomphe des droits de l'homme, tels que proclamés par les Révolutions américaine en 1776, française en 1789 et réitérés par l'ONU en 1948, est indissociable de la quête du savoir : « *Now you see the light, get up, stand up for your rights* »[76].

Aujourd'hui, cette aspiration semble héritée par le rap soucieux des angoisses et espérances de l'homme. Au

---

[75] « Je suis Noir et fier de l'être. Criez-le fort ! ».
[76] « Maintenant que vous voyez la lumière, levez-vous pour vos droits ! »

Sénégal, notamment, la musique rap, dans son évolution historique, semble traduire, à travers l'harmonie du verbe, de la verve et des sons des divers instruments, différents moments de la conscience politique d'une jeunesse qui cherche à s'ouvrir, dans la douleur, les horizons du possible.

Vers les années 1990, sous les effets conjugués des incidences des politiques d'Ajustement Structurel et des modes de gestions gabégiques des richesses nationales, le message des rappeurs est une contestation du statu quo, doublée d'une invite à la prise de conscience. Dans cette dynamique critique, le VIB fustige le règne de la mafia et incite les concitoyens à mesurer l'ampleur de l'impunité :

Mafiosi ñiogui ci dëkk bi/ Les mafiosi sont dans le pays/Di dawal sééni oto / Ils conduisent leurs voitures

Duñu lèèn japp/ On ne les arrête jamais/ Bañu tëdd kasso/ Jusqu' à les emprisonner

Dañu koy wax/On te le dit / Ngir nga xam ko/ Pour que tu en prennes conscience

Plus virulente sera la critique que charrie le Positive Black Soul, PBS, dans ses différentes productions au nombre desquelles *Révolution* dont voici un extrait :

« *Dioobilèèn Revolucion révolution/ Faites la révolution/Moi, je n'ai pas voté car je ne crois pas/À ce système inspiré par le colon/Et dirigé par le BDS, l'ancêtre du PS et PDS* ».[77]

L'intensité de la contestation monte d'un cran pour devenir un appel à la révolution. Cette radicalité de la critique sociale établit une filiation idéologique de cette variété du mouvement hip-hop avec le discours de certaines formations qui se réclamaient de la gauche. Certes, l'effondrement du mur de Berlin est passé par là, mais

---

[77] Didier Awadi, in Album « *Un autre monde est possible* ».

Didier Awadi et son groupe sont vraisemblablement sous l'influence d'une culture de gauche.

Cette influence est manifeste, au moins, à deux niveaux. Elle est, avant tout, identifiable dans cette posture consistant à concevoir l'état présent comme résultant de tout un processus. Une telle appréciation implique le recours à l'histoire pour comprendre les modes de fonctionnement des formations politiques et la source idéologique de leurs stratégies et modes d'action. En l'occurrence, en plus de l'harmonie des sons, le travail musical s'adosse sur une sérieuse recherche tentant de rendre intelligible la continuité idéologique et politique entre le BDS, l'UPS – PS et le PDS.

En outre, cette influence de la culture de gauche se remarque dans cette position idéologique qui ne conçoit pas la solution des problèmes des peuples à travers la vérité des urnes. De ce point de vue, c'est le système démocratique lui-même qui est discrédité, en tant qu'invention du colon pour manipuler les masses avec une pseudo-égalité devant la loi et les mêmes chances d'accéder au pouvoir et de bénéficier de la justice. Le rejet de la voie des urnes, comme manœuvre de la bourgeoisie qui impose sournoisement sa propre dictature au nom des droits de l'Homme, trouve son origine idéologique dans la thèse d'inspiration maoïste selon laquelle le pouvoir est au bout du fusil.

Mais, cette prise de position, formulée dans le contexte indiqué plus haut, porte déjà le sceau des doutes et incertitudes résultant du fait que les vents d'Est étaient en train d'accuser un sérieux retard sur les vents d'Ouest. Très précisément, les impasses de la Révolution chinoise, conjuguées à l'expérience aux forts accents libéraux de la perestroïka initiée par Michaël Gorbatchev, édifiaient, peu ou prou, sur l'avènement presque compromis du Grand Soir.

Ces doutes, réserves et incertitudes impriment au discours hip-hop son ambivalence : je ne crois pas au vote, mais j'espère qu'il y aura un vrai changement. Donc, quoique se démarquant de la voie parlementaire, il émet le vœu d'un changement qualitatif à partir des urnes :
« Quarante ans sans me calculer/S'il vous plaît cette fois-ci j'espère qu'il y aura un vrai changement ».

Cette ambivalence, sans être partagée par la majorité des jeunes, n'en traduit pas moins un malaise général exprimant le doute quant à la possibilité de réaliser l'alternance politique par la voie parlementaire. Ce doute est d'autant plus fondé que, malgré les nombreuses réformes constitutionnelles et l'adoption par une bonne frange de la classe politique du code électoral dit consensuel de 1992, le scrutin restait encore, à la veille des consultations de février de 2000, le ventre mou du système politique sénégalais.

Ce manque de confiance explique sans doute le fait que les jeunes, tout en restant en phase avec le *Sopi*, font montre de frilosité dès qu'il s'agit de s'inscrire massivement sur les listes électorales. Or, cette condition demeure incontournable, car seule à même de leur fournir la possibilité de faire usage de leur arme légale que constitue la carte électorale. Aussi, n'est-il pas étonnant de voir, selon l'Institut pour le développement, la tranche d'âge de 18 à 25 ans, ne représenter que 13,55 % de l'électorat. Dès lors se pose cette question dont on ne saurait faire l'économie : comment les jeunes ont-ils pu, tout en restant si faiblement inscrits, jouer un rôle déterminant dans l'issue du scrutin présidentiel de 2000 ?

Tentant de proposer un élément de réponse à ce fait polémique, nous écrivions : « ...À cet égard, la fièvre électorale serait difficilement intelligible pour quiconque s'en tiendrait aux 1 667 775 votants effectifs sur une population de prés de 9 millions. Ainsi, l'exemple des jeunes prouve que la vitalité citoyenne ne s'épuise pas dans l'acte de voter... En réalité, les jeunes pèsent sur l'issue du scrutin moins en votant massivement qu'en entretenant avec vivacité une atmosphère de fin de règne que la musique Rap, qu'ils affectionnent, exprime avec force. Les titres "mafiosi" et "révolution" démystifient la clique dirigeante et lancent un appel en faveur du Sopi »[78].

Sous l'ère du règne du pouvoir issu de l'Alternance du 19 mars 2000, le mouvement hip-hop, loin de voir son ardeur s'émousser, procède d'abord au procès du régime libéral avant de s'impliquer de manière déterminante dans des initiatives citoyennes d'envergure. Ce procès se décline dans le double axe de la dénonciation des promesses non tenues, et des réalisations qui participent davantage du culte du prestige que du souci impératif de développer le pays.

La situation du pays, au lendemain de l'avènement des libéraux, semble donner raison à ceux qui ne croyaient pas, que de la voie des urnes, puissent résulter des changements substantiels. Aussi, Didier Awadi n'a-t-il pas tardé à monter au créneau en soutenant que l'alternance en développant les perversions héritées du défunt régime dans des proportions renversantes, a déçu plus d'un :

« On prend les mêmes on recommence/De toute façon, c'est pire qu'avant/ Les mêmes magouilles, les mêmes deals/Les mêmes qui pillent, détournent et volent ».

Dans ce passage, cette figure emblématique du mouvement hip-hop sénégalais, voire africain, apparaît tout

---

[78] Mamadou A. Ndiaye et Alpha A. Sy, *Les conquêtes de la citoyenneté*, Op. cit., pp. 55-52.

simplement comme un animal politique au sens aristotélicien du terme, c'est-à-dire un être soucieux de la gestion de la Polis, de la Cité. Partant, il s'affirme comme un politique qui soumet les discours et les pratiques des professionnels de la politique sous le regard oblique du soupçon.

La sentence de Didier Awadi est d'autant plus difficilement réfutable qu'il ne met pas en demeure le nouveau pouvoir de tenir ses promesses mirobolantes de campagnes électorales et de tournées politiques, encore moins de décrocher la lune. Plus réaliste, il demande de convaincre par l'exemplarité des actes posés dans l'esprit de la Loi fondamentale : « On ne veut pas de miracles, mais simplement des gestes forts, des actes forts qui parlent aux gens des signes forts ».

Cependant, autant une hirondelle ne fait pas le printemps, autant une prise de position isolée – fût-elle pertinente – ne saurait constituer un courant. Et, comme pour se tailler une place consistante dans l'univers musical sénégalais et, par ricochet, dans la société sénégalaise, d'autres voix se joindront à celle de Didier Awadi. Elles maintiennent le même tempo identitaire, non sans lui assurer une remarquable diversité qui témoigne de la personnalité artistique de chaque rappeur. Il en résulte une expression plurielle dont l'harmonie reste garantie par l'orientation musicale, et par la seule et même sensibilité idéologique et politique.

Le rappeur Khouman contribue, dès les premiers de l'Alternance du 19 mars, à assurer l'ancrage de cette orientation en dénonçant, sous le mode de l'ironie, les tendances autoritaristes déjà perceptibles du pouvoir de Me

Wade : « Njomboor, Njombor ya tey ! » (Lièvre, Lièvre, fais ce que bon te semble !)[79]

Cette conception se consolide non sans valider ce qu'on est en droit d'appeler la mission citoyenne du rappeur. Elle innerve, de part en part, la production artistique de Malal Tall, plus connu sous le pseudonyme de Fou malade. Sa critique de l'ordre politique est sans complaisance. Il ne s'en prend pas seulement à la cherté des denrées de première nécessité, il dénonce aussi l'impuissance du pouvoir à tenir ses engagements par rapport à la Casamance :

« *Ceep bi dafa sèèr / Le riz coûte cher/ Dawline bi waxi nopi/ L'huile n'en parlons pas*

Ñëppë ande merr/ Tout le monde est devenu mécontent/ Gëmëtunu Sopi/ personne ne croit plus au Sopi ;

Diskôurou pèèr fatt sunuy nopp yi/ Le discours du père (Wade) nous tympanise/ Rebell yi di gèèr/ Les rebelles en guerre / Oupp sunuy bopp yi/ nous empêchent de dormir »[80].

Cette lecture est suivie d'une mise en demeure au peuple de réaliser la gravité de la situation, afin de trouver les remèdes à tous les maux qui gangrènent sa société :

« *Askan wi yèèwu lèèn,ngalla fékhé lèèn/ Levez-vous, de grâce*

fékhé lèènLu saafara goom bi / Essayer de trouver l'antidote à ce mal ! »

Se faisant plus incisif, Fou Malade fustige le montant faramineux consacré à la construction de routes de prestige.

---

[79] Le président Léopold Sédar Senghor, en surnommant Me Wade le lièvre, avait très tôt attiré l'attention de ses concitoyens sur le penchant du leader libéral pour la ruse politique.
[80] Malal Tall, *Folie politique*/Fou malade et le Bat' Haillons Blin-D. C'est nous qui proposons cette traduction.

Ceux qui suivent l'actualité sénégalaise se rendent compte que le rappeur fait ici allusion aux dépenses occasionnées par l'organisation de la Conférence islamique. Plusieurs critiques ont été formulées contre l'ANOCI, présidée par le fils du président de la République. Notamment, il lui a été reproché de procéder à une politique de prestige en créant des infrastructures de luxe le long de la Corniche, au moment où le pays a un besoin pressant de pistes de production et de routes pour désenclaver certaines zones. Le rappeur, dont le recours aux paraboles n'entame en rien le souci critique, s'écrie :

« *Milliar yi dèfarnañou tali/* Les milliards permettent de construire des routes/ *Waayé toggul sombi/* Mais ils n'aident point à faire de la bouillie de riz/ *Alla bonni politik/* Que Dieu maudisse la politique ! »

Le mouvement dans son élan de contestation n'aborde pas seulement les questions alimentaires, celles du logement et de l'éducation. Il confronte dans un esprit responsable les promesses du candidat Wade à la dure réalité de sa gestion désastreuse du quotidien des Sénégalais. En l'occurrence, il s'agit de l'incapacité constatée du président de la République à honorer cet engagement consistant à donner un emploi à tous ces jeunes qui l'ont porté au pouvoir à cause précisément, entres autres, de cet espoir. Ce reproche est très translucide dans ce propos de Khouman :

« *Yaa fi niwoon ku amul liguèèy,Na yëkëti loxo ci kaw/* Tu avais demandé à tous ceux qui chôment de lever leur main/*"deux mille" bé léégui man dé – euh !* Yakatiloxo ca kaw/ De 2000 à nos jours, je lève la main

*Kepp kuy ndool wala miskin, yakati loxo ca kaw/*Pauvres et misérables, levez vos mains

Kepp kuy goorgoorlu ci dëkk bi, yakati loxo ca kaw/ Débrouillards au quotidien, levez haut vos mains !»

S'inscrivant dans une logique implacable, les rappeurs analysent le douloureux phénomène de l'immigration clandestine comme conséquence de l'irrésolution, par le pouvoir issu de l'alternance, de la question vitale de l'emploi. L'ampleur de l'indignation se comprend dès l'instant où on réalise que ces jeunes, qui s'embarquent dans « *les pirogues du désespoir* », ne soient pas de vulgaires aventuriers attirés par les mirages de l'Espagne. Loin s'en faut ! Ils symbolisent toute la dignité de personnes, à peine sorties de l'adolescence qui, frappées par le chômage endémique, préfèrent courir le risque de la mort à la certitude de devoir tendre la main pour survivre.

«*Je sais – Xam naa des diplômes tu en as/* Je sais que des diplômes tu en as

Mais, Yaak say diouni diouniy moroom tèy kiif kiiff/ Mais, à l'instar de milliers et milliers de tes pairs, c'est le même sort ;

Am ñou daw siif siif// Y'en a ceux qui se sont empressés/ *Dèm bëttë frontier Maroc – Melilla/* Jusqu'à se casser la figure aux frontières de Maroc- Melilla/ *Amm baa déé tëddi arméél ya/a /* S'enrichir ou mourir et regagner les cimetières.»

La gravité de ce drame avait, au-delà des rappeurs, amené plusieurs artistes à participer au travail de conscientisation que requiert l'éradication de ce fléau. Parmi ces derniers, Kalidou Kassé a eu recours aux installations pour exprimer, avec force, la tragédie qui enveloppe le slogan Barça ou Barsaq qui a hanté la nuit de milliers et de milliers de Sénégalais[81].

---

[81] « Invité, du 10 au 12 mars 2006, au Festival de Blues du Fleuve, à Podor, il a laissé éclore son imagination et son sens de l'innovation

En tout état de cause, le mouvement hip-hop considère que la conjonction de tous ces mots constitue des signaux forts, attestant que la République, dont la dénomination Sénégal permet l'usage du jeu de mots Notre pirogue, *Sunu gaal*, est menacée par toute sorte de dangers. Aussi l'un des défis majeurs est-il de le clamer haut et fort, au risque de se voir priver de liberté par la Division des Investigations Criminelles (DIC) :

« *Gaal gaa nguiy dïk* / La pirogue s'enfonce/ *Waxko fanaani DIC*/ Et si tu le dis, tu passeras la nuit à la DIC ».

Le mouvement hip-hop, en même temps qu'il assure son ancrage dans cette tradition de dénonciation, opère une innovation radicale dans son expression politique et citoyenne. Cette mutation est la traduction politique d'un changement de conception du système démocratique. Celui-ci est désormais l'objet d'une appréciation plus indulgente dont le corollaire est le rejet de

---

pour sensibiliser sur les risques inhérents à ce voyage de tous les dangers. Retraçant cette œuvre pour les lecteurs de *Walfadjri*, Fatou Kane Sène écrit : « Sur une étendue de sable fin, symbolisant le désert, des barbelés hissés le long de la surface retenue, le peintre Kalidou Kassé retrace ainsi l'horreur qui se passe aux frontières espagnoles ou italiennes. Mais surtout à celles algériennes ou marocaines. » Ce qu'offre ce tableau n'est pas sans rappeler la tragédie du Joola : « ossements d'une femme morte avec son enfant dans les bras, des babouches de vieillards, des adultes et des enfants. Mais aussi des morceaux de tissus accrochés sur les fils de fer barbelés abandonnés par ceux qui ont tenté de traverser les barbelés. On retrouve aussi des gris-gris à même le sol pour ceux qui pensaient que le pouvoir des gris-gris pouvait les amener sans problème vers l'Eldorado ! » Cf. *Esthétique négro-africaine et quête de l'universalité ou quelques considérations sur l'œuvre de Kalidou Kassé*, Mamadou Ablaye Ndiaye et Alpha Amadou Sy, Dakar, Éditions Panafrika/Silex/Nouvelles du sud, 2007, traduit en anglais par le Professeur Badara Sall de l'Université Gaston Berger de Saint-Louis, Sénégal, p. 24.

l'abstentionnisme et du boycott des joutes électorales. Et, dans la mesure où ce courant musical n'est pas, pour reprendre Spinoza, « un empire dans un empire », il tient sa vérité de ce contexte général dans lequel les Sénégalais ont fini de se convaincre du caractère fatal de la carte électorale.

Il a été rappelé plus haut que les rappeurs, en mars 2000, avaient contribué à la défaite des socialistes davantage par leur influence artistique que par l'usage conséquent du vote. À l'instar de la société sénégalaise, ce courant musical sera frappé par cette atonie politique généralisée qui a permis à Wade, à la surprise générale, de passer en 2007, dès le premier tour. Le mouvement rap aura subi les contrecoups du ras-le-bol des Sénégalais contre la classe politique. Le manque de vitalité du mouvement hip-hop, ses atermoiements artistiques et l'accalmie dans sa fiévreuse agitation politique expriment, d'une certaine manière, le scepticisme qui s'est réinstallé après l'euphorie électorale de 2000. Tout en voyant leur confiance en Wade se rétrécir comme peau de chagrin, le passé-présent de certains candidats à la Présidentielle de 2007 était d'une fraîcheur qui hypothéquait leur chance d'être portés au pouvoir.

Et ce n'est point un hasard, si c'est au détour de la surprenante vitalité citoyenne de février 2009 que le mouvement rap s'est refait, pour ainsi dire, une nouvelle santé. Dans l'axe de cette nouvelle dynamique, il prit des initiatives hardies témoignant de sa volonté clairement affirmée d'assumer toute sa citoyenneté. Par le truchement de cette tonalité et cet engagement, le rappeur se donne une mission tout à fait noble.

Les animateurs de ce courant musical ne sont vierges ni idéologiquement ni politiquement. Ils sont très au fait des goulots d'étranglement qui hypothèquent la bonne gouvernance. Leur appropriation de cette critique, selon laquelle les parlementaires font de leur fonction une sinécure, participe de cette conscience politique. Dans cette dynamique, certains rappeurs n'ont pas hésité à proposer que les députés soient désintéressés en fonction de leur présence à la représentation nationale où, quelques-uns tombent sous les bras de Morphée en pleine session, quand d'autres s'abonnent à un absentéisme inqualifiable.

Cette prise en charge de cette nouvelle mission citoyenne apparaît comme un sacerdoce dans ce passage de *Keur gui* :

« *Ñooy depute yi lay kaassal / Nous sommes les députés qui vous défendons/ Té wéér du dèè bañu xaar kuñuy fay/ Sans bénéficier d'aucun salaire mensuel/ Conscientiser peuple bi nak mooy sunu mission / Conscientiser le peuple est notre mission/ Tek liberté d'expression/ Nous allons acquérir la liberté d'expression/ Dindi agression/ combattre les agressions/ Xééx corruption ak yénéén perversion/lutter contre la corruption et toutes les autres formes de perversions.* »

Dans cette nouvelle mission le « Mouvement Y'en a marre » franchira une étape décisive avec la commémoration de l'an 11 de l'alternance survenue en mars 2000. D'avoir réussi à mobiliser un nombre impressionnant de citoyens et relevé le défi d'une organisation autonome avec un remarquable sens civique, aura été le signal fort de la présence d'une force sociale avec laquelle il importe désormais de compter.

Réconfortés par cette mobilisation, les rappeurs élaborent un programme à la mesure de leur ambition d'être des citoyens qui s'assument. Ce faisant, parallèlement à la production artistique, ils initient des actions citoyennes loin des studios d'enregistrement et des podiums. Le moment fort de la prise en charge de cette nouvelle mission citoyenne est l'organisation d'une campagne d'envergure pour inscrire les Sénégalais indépendamment de leurs sensibilités idéologiques et politiques sur les listes électorales.

Cette tâche est dictée par les enseignements politiques tirés de la faible participation des jeunes sur la Présidentielle de mars 2000. Aussi, le Mouvement « *Y'en a marre* » a-t-il mis en fonction un nouveau mot d'ordre dont la formulation et le symbolisme témoignent de toute la détermination des rappeurs à inciter leurs concitoyens à saisir l'opportunité que leur offre le système démocratique pour devenir maîtres de leur propre destin. Ce slogan, par lequel le nouvel engagement se traduit en acte, est le fameux « *Daas fananal* », « fourbir les armes en attendant », auquel les Sénégalais commencent à se familiariser. Lui faisant écho, Didier Awady lance la campagne « *Réveillez-vous* », *Yewoulène:* « *La campagne « yéwouléne » va se construire autour de beaucoup de films citoyens. Ces films vont montrer pour quoi il est urgent de voter en 2012. Les jeunes manifestent, mais peu ont leur carte...*»[82]

Au regard de la maturation citoyenne, de plus en plus manifeste, cette opération « *Dass fanaanal* » rencontre l'adhésion d'un nombre croissant de citoyens. Aujourd'hui, il se donne à voir que le réflexe dominant consiste non pas à s'en remettre exclusivement à Dieu, mais à prendre date pour sanctionner de la manière la plus implacable les différents criminels économiques et auteurs de moult forfaitures. Ainsi, entend-on les victimes des coupures d'électricité et des inondations, tout comme le paysan dont les terres ont été spoliées, la ménagère qui a du mal à voir la queue du diable, dire avec conviction et détermination : « Qu'ils fassent ce qu'ils veulent, mais ils verront, au soir du

---

[82] Didier Awady, Entretien avec Aïcha Fall, *L'Obs* du 14/07/2011.

26 février qui détient véritablement le pouvoir » ! Un tel engagement trouve son corollaire dans l'inscription sur les listes électorales, seule manière de « fourbir ses armes, en attendant » !

Cependant, cette imprévisibilité liée à la complexité des phénomènes historiques, la programmation de février 2012 a été précédée pour ce rendez-vous imprévu, celui de juin 2011. Très particulièrement, les rappeurs seront projetés sur la scène politique à la faveur de la mobilisation contre le projet de ticket présidentiel. Cet engagement effectif dans la lutte contre cette dérive monarchique élève d'un cran la combativité des rappeurs qui ont compris que l'atonie citoyenne est le lit d'éclosion des dérives politiques. Cette prise de conscience imprime à leur combat une détermination à la dimension de leur attachement aux fondamentaux de la République. En fonction de ce nouvel état d'esprit, ils affirment avec force, à la suite de Thiat et Kilifeu, « ne plus vouloir d'un président-roi qui prend la Constitution pour un cahier de brouillon ».

Après Didier Awadi, c'est Daara J Family qui apporte sa caution à la dynamique de leurs pairs rappeurs, ainsi Fada Freddy (avec Ndongo D) assure : « Les élections se rapprochent, il ne reste plus que quelques mois, et tout ce que je peux dire c'est que nos cartes nous appartiennent et on choisira celui que nous voulons... On le (Y'en a marre ») supporte parce que c'est un mouvement du peuple. Tout ce qui va pour le peuple sénégalais, tant que ce sont les droits des Sénégalais qui sont défendus, quel que soit le mouvement, nous on le supporte. L'essentiel, c'est que le peuple sénégalais, en tant que tel, garde sa démocratie ; c'est ce qui nous importe tous »[83].

Certes, tous les rappeurs sénégalais ne font pas montre du même engagement que les « Y'en a marristes ». Cependant, même en l'absence de l'unanimisme, il n'en existe pas moins une ambiance générale où se conjuguent déception politique et prise de conscience de l'utilité de la carte électorale. Dans cette dynamique, se démarquant de « Y'en a marre », mouvement dont il dit ignorer les tenants et les aboutissants, le rappeur Gaston alias Baye Sen n'en épouse pas moins l'air du temps. À ce propos, le titre de son dernier album est assez révélateur « *Touti wakh, job lu beuri* » (*parler peu et beaucoup travailler*), il a les mêmes préoccupations pour ne pas dire obsessions que ses pairs : « faire comprendre aux jeunes qu'ils doivent s'inscrire massivement. Wade a été élu par les cartes, donc il ne faut pas que l'on brûle des pneus ou descende dans la rue. Il nous faut juste nos cartes pour le bouter hors du Palais, d'où sa préférence pour son morceau "*woutil* carte électeur" »[84].

Dans la même mouvance, Fata (Mamadou Moustapha Ngningue), pour ne pas avoir les meilleurs rapports avec les « y'en a marristes », se défend de l'accusation selon laquelle il aurait créé le mouvement « *Eki libre et Paix sociale* », pour endiguer la dynamique portée par les rappeurs comme Barro, Thiat, kilifeu et Fou malade. Quoiqu'il diverge sur leur stratégie de lutte, car « militant pour la paix », il est loin d'être souteneur du pouvoir : « ... Toutefois, cela ne

---

[83] Fada Freddy (avec Ndongo D), « Daara Ji Family soutient le mouvement "Y'en a marre" », Entretien avec Coumba Thiam, *le Quotidien* du 06/07/2011.
[84] Gaston, alias Baye Sen, « C'est un mouvement vide », conférence de presse, *l'As* du 24 juin 2011.

m'empêche de décrier, comme ils le font, les difficiles conditions de vie. Le pays va mal, je n'en disconviens pas en tant que citoyen »[85].

Loin d'un pragmatisme politique qui risque de condamner toute alternance politique à n'être, en réalité qu'un changement de personnel politique, le mouvement hip-hop prône la réconciliation avec l'éthique. Très précisément, les « *Y'en a marristes* » ne se contentent pas d'appliquer des politiques, mais inscrivent leurs actions dans un projet dont la finalité est de promouvoir un Nouveau Type de Sénégalais. L'acte inaugural en est le retour à des valeurs traditionnelles, car les ancêtres ont toujours fonctionné à partir d'un certain nombre de règles qui sont fortement imprégnées de l'idée de solidarité, de partage et de sens de la communauté. Cette approche est très explicite dans la production artistique du groupe *Daara Ji* qui dénonce, sous le mode de l'interrogation, la perversion des fondamentaux de l'humain :

« *Ana jikko yi fi maam yi bayyiwoon/ Où sont les valeurs que les anciens nous ont retransmises/ Dafa melni dañu wacc sunu yoon / On dirait que nous avons abandonné notre voie* ».

Par-delà cette sonorité, dont la beauté est acquise grâce à la rime entre *bayiwone* et *sunu yone*, apparaît, en pointillé, le procès d'un pouvoir passé dans l'art de démanteler, par le concours de l'argent et des postes de sinécures, les valeurs fondatrices de « *l'humanitude* » (Albert Jacquard).

Cette revendication de l'éthique est solidaire de la propagation d'une philosophie, qui en même temps qu'elle montre que les biens de ce pays appartiennent à tous ses

---

[85] Fata, « Les membres de "Y'en a marre" et moi n'avons jamais accroché », entretien avec Maria D. T. Dièdhiou, *L'Obs* du 29/07/2011.

fils, « *rewmignoko boko* » (qui fait penser à *Res publica*), redonne confiance aux Sénégalais. Dans cet ordre d'idées, le « *guëm sa bopp* » (avoir confiance en soi) renvoie à une entreprise philosophico-psychologique de remise en confiance de soi, condition pour faire face à la réalité, aussi dure soit-elle. En filigrane, par « *guëm sa bopp* », les rappeurs conçoivent comme un manque de confiance en soi, voire comme une forme de lâcheté, toute attitude consistant à recourir à la drogue, à se laisser consumer à petit feu ou à verser dans le *Barça* ou *Barsaq*.

En vérité, il s'agit de prôner une hygiène qui n'est pas d'ailleurs circonscrite uniquement aux niveaux corporel, mental et politique. Elle concerne aussi le cadre de vie immédiat. Les Sénégalais en ont une idée en constatant, qu'après chacune de leurs manifestations, les « *Y'en a marristes* » prennent le soin de nettoyer le site ; ils font du « *set setal* ».

Ce nouveau savoir-être est-il un héritage du mouvement du même nom qui a prospéré surtout à Dakar vers la fin des années 1980 ? Au lendemain de la chute du mur de Berlin, les jeunes ont eu tendance à s'investir localement non seulement par des opérations de salubrité publique, mais aussi en réhabilitant des héros et figures religieuses. Ou alors s'agit-il, dans cette nouvelle relation avec l'environnement immédiat, d'une timide influence du printemps arabe au cours duquel des acteurs se sont signalés par ce sens civique très prononcé dont rend compte Amin Alla : « ...Lors de ces veillées entre jeunes, on parle, on s'informe, on décide. On supplante les forces de l'ordre en assurant la sécurité. Des mots d'ordre sont lancés : faire des listes par quartiers des militants RCD, ne pas brûler les écoles... Le matin, on se substitue aux services municipaux en organisant le ramassage des poubelles » ?[86]

---

[86] Amin Alla, « Quelle relève à Tunis ? », *Op. cit.*

Chapitre V

Du rappel à l'ordre républicain du 23 juin : les leçons d'un mouvement citoyen

L'enseignement le plus précieux de cette mémorable journée du 23 juin réside incontestablement dans la confirmation de l'irréversibilité de la lutte des peuples. Même si la plupart des États actuels ont rayé de leur Constitution le droit inaliénable de la résistance contre l'oppression, il reste que les citoyens sont obligés de s'ériger en sentinelles de l'ordre républicain. Cet impératif bute sur cette l'illusion des princes de ce monde, toujours dans la certitude de pouvoir trouver des remèdes miracles à cette aspiration irréversible à la liberté.

Déjà, à l'aube des indépendances africaines, Léopold Sédar Senghor, premier président de la République du Sénégal, avait mis en place un dispositif tournant autour de la participation dite responsable[87]. Sous la houlette du parti

---

[87] Avec un sens théorique très prononcé, Léopold S. Senghor considérait qu'à l'aube des indépendances, s'imposait comme priorité l'œuvre de construction nationale. Partant, le rôle des syndicats n'est pas essentiellement de porter des revendications, mais de contribuer à cette œuvre titanesque : « Les salariés admettraient volontiers qu'on ne peut élever le niveau de vie des travailleurs que dans la mesure où s'accroîtra, avec le revenu national, celui des groupes déshérités, paysans, pasteurs, artisans. La conclusion de cette réflexion est que les

unifié, il était parvenu à contenir toutes les velléités de contestation des paysans et des ouvriers. La preuve la plus irréfutable de l'efficacité de cette stratégie de verrouillage est qu'il a réussi la prouesse de circonscrire les agitations des formations d'obédience marxiste dans les périphéries du Mouvement démocratique national.

Pourtant, ces soupapes de sûreté voleront vite en éclats devant la détermination des Sénégalais à défendre leur pouvoir d'achat et leurs droits fondamentaux. Cette détermination trouvera sa manifestation la plus concrète dans le Mouvement de mai 1968. Le pouvoir de Senghor sera d'autant plus éprouvé par cette dynamique de combat que l'instauration de mesures liberticides sert souvent de terreau à l'éclosion de mouvements clandestins. Tirant les enseignements des luttes ouvrières et estudiantines de la fin de cette première décennie des indépendances, Senghor prendra deux mesures toutes deux solidaires de son souci de gérer, comme l'a expliqué Seydou Madani Sy, « *l'après-1968* ».

La première a été la création de poste de premier ministre avec ce double objectif. Il s'agit d'abord, poursuit le Professeur, « d'éviter à Senghor d'être la cible directe de toute l'opposition » et, d'autre part, de faire montre d'ouverture vers « la jeunesse qui aspirait à la succession politique dans le parti »[88]. La deuxième réforme a consisté à lâcher du lest, pour éviter la constitution des groupes clandestins dont les dangers résident dans leur

---

syndicats feront leur le programme de politique générale du parti majoritaire et des gouvernements. », Nation et voie africaine du socialisme, in *Liberté III*, Paris, Éditions Seuil, 1971, p. 127.

[88] Seydou Madani Sy, *Les régimes politiques sénégalais de l'indépendance à l'alternance politique 1960-2008*, Yaoundé, Paris, Dakar, Éditions Iroko-Karthala-Crepos, 2009, p. 81-82.

imprévisibilité. Aussi, initie-t-il l'ouverture démocratique qui se décline en termes de pluralisme syndical et de limitations de partis politiques incarnant quatre courants unilatéralement, donc arbitrairement, délimités par lui-même. Son successeur Abdou Diouf va élargir la perspective, en instaurant le pluralisme politique intégral. L'efficacité de cette stratégie se mesure à l'aune de l'atomisation des forces politiques d'opposition. Précisément, le multipartisme s'est avéré solidaire d'une dispersion des énergies dont le caractère pervers est accentué par le sens trop prononcé de l'ego des leaders politiques. Ce contexte d'atomisation des forces politiques a été favorable, dans les années 1980, à l'application des pernicieuses politiques dites d'Ajustement Structurel.

Mais, dès l'instant où l'oppression appelle la résistance, ce sont les centrales syndicales qui vont mener des luttes décisives pour atténuer la souffrance du peuple. Rendant compte de cette bien exceptionnelle combativité, nous écrivions : « La décennie 90 aura été une séquence particulièrement dense et instructive en matière de luttes syndicales. Enseignants de tous ordres, agents de santé, toutes catégories confondues, travailleurs de l'électricité et journalistes avaient, dans un même élan de solidarité, fait chorus dans leur syndicat, pour s'opposer radicalement au vote de la pernicieuse loi des finances rectificative. Parlant d'une seule voix et avec la même détermination, les travailleurs firent front pour dire non à ce vote dont la conséquence la plus dévastatrice était la baisse drastique et généralisée des salaires »[89].

---

[89] Mamadou Ablaye Ndiaye et Alpha Amadou Sy, *La presse et le jeu politique*, Op. cit,. p. 90.

Le pouvoir de Diouf, fortement éprouvé par cette surprenante combativité, sera davantage affaibli par les effets conjugués des forces politiques de l'opposition, sous la direction de Me Abdoulaye Wade, et par les crises internes de sa propre formation politique. Et ce n'est point un hasard si Moustapha Niasse et Djibo Leyti Ka, deux transfuges du parti socialiste, ont pesé de tout leur poids sur l'issue de la présidentielle de 2000. Pour notre étude, cette capacité, pratiquement inhérente au peuple, à déjouer les stratégies les plus affinées, pour faire triompher le droit à plus de pain et de liberté, importe de beaucoup. Et même conscients de l'aporie politique à laquelle était en train de déboucher l'alternance politique du 19 mars 2000, nous soulignions avec force : « ... Celle-ci (cette victoire) a su faire émerger une valeur irréductible, à savoir la quête de justice sociale des citoyens, lesquels restent persuadés que la roche tarpéienne est toujours près de l'urne ».[90]

Après la parenthèse citoyenne de 2007[91], les Sénégalais vont user, à nouveau, de cette roche pour sanctionner, dans les villes, le PDS et ses alliés. Et la leçon de juin 2011, est que les citoyens commencent aussi à apprendre à s'opposer physiquement aux coups de force d'un pouvoir qui se croit tout permis. Dr Cheikh Mbacké Guèye a bien cerné cette escalade du peuple dans la protection de ses libertés fondamentales en faisant observer : « Le peuple a la rue et les urnes pour se faire entendre et clarifier ses positions. Aux urnes, fut dédiée la date du 22 mars ; à la rue, celle du 23 juin 2011 ».[92]

---

[90] Mamadou Ablaye Ndiaye et Alpha Amadou Sy, *Les Conquêtes de la citoyenneté*, Op. cit., p. 114.
[91] Alpha Amadou Sy, *L'Afrique et le défi républicain*, Op. cit., p. 27.
[92] Dr Cheick Mbacké Guèye, « Lettre-question à M. Karim Wade », *le Quotidien* du 12/07/2011.

Sous l'éclairage de la mobilisation citoyenne, il se donne à lire aussi, qu'en incitant les Sénégalais à engager une épreuve de force sur la question du projet de ticket présidentiel, le chef de l'État a fait basculer une bonne frange de ses concitoyens dans le camp de ses adversaires politiques. Ce faisant, des organisations de la société civile, des personnalités indépendantes, artistes, chercheurs, hommes de culture se sont reconnus et retrouvés dans les mêmes revendications républicaines que celles qui alimentent le quotidien des partis politiques de l'opposition, et des mouvements portant des candidatures indépendantes.

Dans le même mouvement, le secrétaire général du PDS a davantage plongé sa formation dans une tourmente déjà accentuée par le traumatisme électoral issu des locales de 2009 et la controverse, tout au moins les angoissantes inquiétudes suscitées par ce qu'il est convenu d'appeler, à l'interne, le cas Karim Wade. Le désaveu populaire de la réforme constitutionnelle a relancé, au sein du parti au pouvoir, le débat sur les résultats obtenus par les libéraux et leurs alliés en février 2009.

Certains militants continuent à considérer que, pour l'essentiel, il n'y a rien d'alarmant dans l'itinéraire emprunté par le pouvoir depuis 2007. Ainsi, très en verve, le coordinateur de la CAP 21, Iba der Thiam, rassure : « L'avenir politique de la majorité doit-il être lu à travers ce qui s'est passé le 23 juin 2011, en se rappelant qu'elle a remporté les élections de 2007 et celles de 2009, aussi bien en nombre de voix, qu'en nombre de sièges ? S'il s'agissait d'une élection présidentielle, notre candidat serait élu, en 2009, dès le premier tour, d'après les chiffres disponibles. Le 19 mars dernier, la majorité a administré la preuve de sa vitalité. Peut-on, dès lors, estimer que les choses ont changé ? Ceux qui le pensent se trompent, à mon avis »[93]. Affectionnant de l'arithmétique quand il s'agit d'analyser des questions aussi complexes que les mutations qui affectent l'électorat et l'appréciation du travail du parti par les citoyens, le Professeur use des chiffres pour réarmer ses camarades tentés de céder au découragement. Dans cette logique, Iba der Thiam prône d'autant plus la sérénité et la confiance qu'il est convaincu que « Les événements du 23 juin sont le fait de minorités agissantes ».

Seulement, cette tendance est contrebalancée par cette autre dont la lecture milite en faveur d'une reprise en main d'un parti menacé par bien des périls. Dans cette perspective, Moussa Sy, député libéral, maire des Parcelles Assainies, soutient avec une lucidité remarquable : « Après 2009, on a tout mis dans les tiroirs, on a dit : on continue, alors que ça ne devait pas être le cas ; 2009 a été une secousse profonde pour le parti... On n'a gagné aucune grande ville. Même à Rufisque, nous gérons deux communes d'arrondissements sur trois, et nous ne sommes pas majoritaires au Conseil municipal. C'est grave ! »[94]

Cette divergence témoigne de la rigidité des lignes de fracture qui travaille le PDS. Derrière ces prises de position, se profile le procès de la gestion du parti depuis qu'il a pris le pouvoir. Plus explicitement, il est reproché à Me Wade de s'être progressivement débarrassé des militants des années de braises qui ont tout sacrifié, au profit de nouveaux venus qui seraient devenus « ses oreilles et ses yeux ». Pire, aux nouvelles recrues, il est reproché d'avoir recours à la tricherie, à la duplicité pour présenter sous un

---

[93] Iba Der Thiam, « Les événements du 23 juin sont le fait de minorités agissantes », Entretien avec Alpha Sané, *Op. cit.*
[94] Moussa Sy, « La pensée unique je ne l'accepte pas », entretien avec Moustapha Ba, *le populaire* du 30 juin 2011.

faux jour l'image que les Sénégalais se font du pouvoir et du chef de l'État. N'y allant pas avec le dos de la cuillère, Moussa Sy accuse : «... Les derniers venus conseillent aujourd'hui le président, lui présentent toutes les semaines des populations transportées par des cars Ndiaga Ndiaye, et qui ne sont même pas inscrites sur les listes électorales. Aujourd'hui, les responsables authentiques du PDS sont dégoutés, sont mécontents parce que tout simplement, ils pensent que les nouveaux venus sont en train de récolter le fruit de leur engagement pendant 26 ans. C'est ça la vérité ! »

Cette lecture est partagée par un autre cadre libéral Lamine Bâ, administrateur adjoint du PDS et ministre au cabinet du chef de l'État, qui avait, dès janvier 2000, soutenu à haute et intelligible voix : « Je n'abandonnerai jamais les Parcelles Assainies entre les mains de politiciens véreux, malhonnêtes et arrogants...Je pense que Me Wade doit reprendre son parti en main, revoir les hommes qui l'animent profondément »[95]. Et, comme si la journée républicaine du 23 juin avait conforté cette analyse, il renchérit au lendemain du cinglant désaveu de Me Wade : « On ne peut pas gagner les élections et gouverner avec les vaincus d'hier... Toute la pègre du PS a été transportée chez nous... On apprend les choses en même temps que tout le monde... La coupe est pleine, c'est pourquoi on n'a vu personne »[96].

Jouant la même partition, un des vieux compagnons de Wade, le musicien Ouza Diallo, perçoit la dérive de Me Wade comme la conséquence directe de la mise à l'écart et de ses militants de la première heure, et de ceux-là qui étaient censés lui dire les yeux dans les yeux certaines

---

[95] Lamine Bâ, cité dans *l'Afrique et le défi républicain*, Op. cit., p. 55.
[96] Lamine Bâ, Entretien avec Harouna Fall, Op. cit..

vérités. Il s'agissait en l'occurrence de *ses* « Saabah que sont Moustapha Niasse, Ablaye Bathily et Amath Dansohko. » Il poursuit : « ceux qui l'accompagnent sont des affamés, c'est pourquoi que je ne les respecte pas... Ceux qui ont tué Wade sont ceux qui l'entourent »[97].

Ce n'est point un hasard si tous ceux qui partagent cette prise de position s'adonnent au procès de la Génération du concret, courant parrainé au sein du PDS par le fils du président. Or ce démembrement est assimilé à un point de chute de chute de nouveaux « *militants* » dont l'unique motivation serait la quête obsessionnelle de postes de sinécure. Dans cet esprit, tout en ménageant les susceptibilités de Me Wade, le cas Karim Wade, est considéré comme une question à poser et à résoudre.

Déjà en 2010, voire bien avant, des voix s'étaient élevées à l'intérieur même du camp libéral pour mettre en garde contre le péril que pouvait constituer le parachutage de Karim Wade. Dans cet ordre d'idées, Dr Cheick Tidiane Seck de « *Agir pour Sopi* », ancien Secrétaire du Mouvement des Élèves et Étudiants Libéraux, avait formulé cet avis : « Karim Wade est la tache noire susceptible de ternir l'image de Me Wade. Il doit se rendre à l'évidence qu'il est devenu, peut-être malgré lui, un lourd handicap que porte le président pour ses conquêtes futures. Il doit savoir que le PDS était en combat en 1974 et, pendant ce temps, il était en France en train de s'occuper de ses propres affaires... Ce mouvement dirige l'État et personne ne dit rien. Par rapport à notre dignité, nous n'allons pas croiser les bras »[98].

Moussa Sy, aussi, ulcéré par la tournure prise par les événements du 23 juin 2011, indexe Karim Wade comme

---

[97] Ouza Diallo, *Op. cit.* Entretien, *le Pop* du 01/07/2011.
[98] Dr Cheick Tidiane Seck, *le Pop* du 01/09/2010.

ce lourd boulet qui participe à hypothéquer dangereusement l'ascension du Parti démocratique sénégalais. Selon le député libéral, le drame de sa formation politique résulte de cette conspiration du silence de ses camarades parfaitement conscients de l'impact tout à fait négatif des agissements du fils du président. Explicite, il soutient : « Notre problème fondamental, c'est Karim Wade. Il est présent sur tous les plans, notamment diplomatique : on a vu sa poignée de main avec Sarkozy et Obama. Il est même plus présent que Madiké Niang qui est le ministre des Affaires étrangères... En comité directeur, en Conseil de ministres, ils ne disent rien. Mais, quand tu parles avec eux, en aparté, 99 % d'entre eux te disent tous que le problème du Sénégal, c'est Karim Wade »[99].

C'est donc au moment où les libéraux étaient divisés sur ces questions, ayant trait au bilan des consultations locales de 2009 et sur le cas Karim Wade, que le secrétaire général du PDS a recouru à la procédure d'urgence pour faire passer son projet de ticket. Or, en choisissant de s'enfermer avec quelques fidèles pour piloter un projet aussi ambitieux, il a mis en très mauvaise posture sa propre majorité. Celle-ci, invitée à défendre bec et ongles un projet auquel elle a été mise au courant « comme tout le monde », c'est-à-dire par voie de presse, n'a fait mieux que dérouler une bien piètre stratégie de communication.

En vérité, pour récente qu'elle soit, cette démarche antidémocratique n'en s'insère pas moins dans une logique de gouvernance qui a l'âge du parti démocratique sénégalais. Les décisions sont souvent prises selon l'unique volonté du secrétaire général du parti. Pour se faire une idée de ce mode gestion atypique, il faut rappeler, sous l'éclairage de Seydou Madani Sy, les conditions dans

---

[99] Moussa Sy, *Enquête* du 14/07/2011.

lesquelles Léopold Sédar Senghor avait pris la décision de créer un poste de premier ministre. Quand il s'est agi de déconcentrer le pouvoir, Senghor avait donné libre cours à un débat opposant les tenants de l'idée de création de poste de premier ministre et ceux qui avaient opté pour « un gouvernement restreint avec quelques ministres importants aidés par des secrétaires d'État »[100]. Projet proposé à l'Union Progressiste Sénégalaise qui organisait des journées d'études au mois de mai 1969, ce n'est que le 26 février 1970, donc plus d'un an après, que la nouvelle Constitution sera adoptée. Entretemps, elle aura été soumise à la réflexion intense du mythique Club Nation et Développement.

Ousmane Camara, corroborant cette thèse, ajoute l'apport de la nouvelle structure naissante, le Bureau Organisation et Méthode et renchérit : « En devenant successivement secrétaire général de la présidence de la République, puis ministre du Plan et de la Coopération, il franchissait les étapes devant le mener au sommet du gouvernement. Senghor lui aura fait subir un "stage" de sept ans pour l'installer au poste de Premier ministre et, un autre de dix ans, pour en faire un Président »[101].

Cette expérience, que Me Wade connaît sans doute mieux que nous, édifie sur l'énigmatique mode de gouvernance et de son parti et de son gouvernement. Juriste de formation, opposant pendant plus de 26 ans au pouvoir socialiste, le secrétaire général du PDS a mis en stand-by toutes les instances de sa formation politique, royalement ignoré ses alliés, pour ne travailler qu'avec Pape Diop, président du Sénat, Mamadou Seck, président de

---

[100] Seydou Madani Sy, *Op. cit.*, p. 80.
[101] Ousmane Camara, *Mémoires d'un juge africain, Itinéraire d'un homme libre*, p. 164.

l'Assemblée nationale, Habib Sy, son directeur de cabinet, Zacaria Diaw, Secrétaire général de la présidence de la République et Souleymane Ndéné Ndiaye premier ministre et directeur de campagne pour la présidentielle de 2012[102].

Au regard de toutes ces controverses, expression de l'aiguisement des lignes de fracture au sein du camp libéral, est-ce se tromper, que de considérer que le PDS est dans une tourmente qui compromet très sérieusement ses chances de rester au pouvoir au soir du 26 février 2012 ? Le PDS pourra-t-il ressouder ses lignes de profondes fractures pour retrouver la force que requiert son face-à-face avec les nombreux citoyens mécontents de son incapacité à « répondre aux questions sociales : les inondations, la montée des prix, la question de l'énergie, les terres du monde rural, le soutien à l'agriculture » ?[103] L'avenir immédiat nous édifiera !

Alors que le PDS est sorti de la journée du 23 juin dangereusement secoué, le camp de ses adversaires a réussi à engranger les dividendes politiques de sa mobilisation exceptionnelle. Singulièrement *Benno*, jusqu'ici en mal d'inspiration pour mettre judicieusement à profit le consensus issu des Assises nationales, a pu sortir de sa relative léthargie pour se « *faire entendre* ». Ce succès a été possible en accédant à la demande du Comité d'initiative, sous la direction d'Alioune Tine du CASC, de faire cause commune pour constituer un rempart contre les fossoyeurs de l'ordre républicain. L'esprit d'ouverture, qui a présidé à une telle alliance circonstanciée, a eu comme effet

---

[102] Ndiaye Mbaye, « Le dossier secret du ticket de Wade », *L'Obs* du 20 juin 2011.
[103] Ibrahima Thioub, « Il n'y a jamais eu une manifestation d'une telle ampleur dans l'histoire politique du Sénégal », Entretien avec Harouna Fall, *L'obs* des 25-26/06/2011.

immédiat le regroupement autour de l'essentiel, en plus des partis politiques constitutifs de *Benno*, du Mouvement « *Y'en a marre* », d'autres leaders aux ambitions présidentielles déclarées, comme les Professeurs Amsatou Sow Sidibé de Clarté *Naay Leer*, Ibrahima Fall et Docteur Cheikh Tidiane Gadio de *Luy Jot Jotna*, « *Il est urgent d'agir* ».

Pourtant, ce succès enregistré ne saurait être l'arbre cachant cette forêt de difficultés consécutives aux retombées d'une épreuve de force qui lui a été imposée par les circonstances. La mobilisation pour le respect de la Loi fondamentale participe d'un bras de fer pour lequel *Benno* n'avait ni le choix de la cible ni celui du moment. Pour s'en convaincre, il faut rappeler que la Coalition en était, jusqu'au 16 juin 2011, à gérer son propre programme. Ce qui était à l'ordre du jour, c'était la validation des conclusions issues du séminaire du 28 mai qui avait regroupé 22 partis autour de la candidature de l'unité et de la question de la transition. L'une des contradictions principales de la Coalition était de voir comment maintenir la dynamique unitaire, en conservant dans ses rangs l'Alliance pour la République (APR) de Macky Sall et *Andë Jëf* de Landing Savané.

L'épreuve de force, engagée autour du projet de ticket présidentiel, a eu comme conséquence peut-être pas le renversement, mais le changement de perspective. L'épineuse question de la candidature unique ou de l'espoir fut reléguée au second plan. Mais, ces énergies fédérées pour faire retirer le projet de loi et qui avaient constitué la force de *Benno*, sont devenues sa faiblesse.

Aux difficultés, déjà répertoriées dans *L'Afrique et le défi républicain*, sont venues se greffer d'autres[104]. Il s'agit

---

[104] Cf. Sous-chapitre « Des contradictions au sein de Benno », p. 96.

notamment de résoudre la multiplication des candidats à la candidature avec comme pression supplémentaire le temps qui, plus que jamais, joue contre lui. Dès lors, l'interrogation est celle-ci : comment *Benno* pourra-t-il réussir à six mois des échéances ce qu'il n'a pas pu réaliser durant deux ans. Aujourd'hui, il en est au débat portant sur les critères de validation de son candidat. Là où Ousmane Tanor Dieng met l'accent sur l'expérience dans la gestion de l'État, Cheikh Bamba Dièye propose l'intégrité et un passé politique irréprochable.

Le retard accusé dans la réponse à cette question ponctuelle a favorisé la naissance de *Benno* Alternatives 2012, sous l'initiative de Madièye Mbodj et du Docteur Dialo Diop. Cette structure, qui continue à revendiquer sa filiation avec la Coalition originelle, ne pose pas seulement un problème de délai. Elle s'érige aussi contre le sentiment selon lequel *Benno* exclut les personnalités indépendantes de la liste potentielle des candidats à la candidature. Alors, si déjà dans une de ses composantes les plus essentielles, à savoir le P.S, le candidat à la candidature n'est pas encore désigné, comment la Coalition peut-elle faire un choix judicieux d'autant plus que, jusqu'ici, elle a exclu l'hypothèse d'un pluralisme limité avec comme engagement de soutenir, au second tour, le candidat le mieux placé ?[105]

---

[105] Ce qui frise l'irrationnel, c'est l'obsession de Benno à chercher l'impossible, à savoir un candidat unique. Plusieurs analystes, au nombre desquels Abdou Latif Coulibaly et Mame Less Camara avaient attiré l'attention sur cette illusion. Dans ce registre des mises en garde, nous écrivions : « Sans doute, « B. S. S » est tout à fait fondée à aller le plus loin possible dans cette quête unitaire. Mais le risque est de faire croire aux citoyens ce qui va, à terme, s'avérer irréalisable : un candidat unique pour toute la coalition. Ce qui avait coûté cher à la Coalition de l'opposition en 2007. Or, la candidature plurielle, dès l'instant où elle est obtenue de manière consensuelle, permet de partager un code de conduite, ce qui suppose la mobilisation pour le maintien du second

Ce défi est difficile à relever si l'on réalise que les partis coalisés sont engagés avec la société civile dans le projet du Mouvement des Forces Vives de la Nation, dans sa croisade contre la candidature de Me Wade, voire pour tout simplement son départ.

Toujours dans le registre des enseignements, il est loisible de retenir que le plus grand succès a été à l'actif de la société civile dont l'implication victorieuse a été saluée dans et à l'extérieur du territoire sénégalais. Cette appréciation positive est d'autant plus partagée qu'Alioune Tine et ses amis semblent, par leur engagement et leur stratégie, indiquer un possible politique pour mettre, à temps, un terme aux dérives autoritaristes. Plus prosaïquement, la société civile sénégalaise est en voie de réussir ce qui n'a été pas possible dans les pays de la sous-région ouest-africaine ou même, carrément de l'Afrique francophone. En un mot comme en dix, il s'agit d'une option pour la prévention telle que cela ressort de manière très explicite dans la lettre adressée par le Coordinateur du CASC, Mamadou Mbodj, le 19 juin 2011, à ses camarades : « Pour éviter les syndromes nigériens ou ivoiriens, les citoyens, qui ne veulent pas renoncer à leurs droits et à leur dignité d'homme, doivent s'organiser, maintenant ou jamais, et opposer une résistance farouche à cette proposition inacceptable ».

De par cet engagement, le CASC n'a pas seulement trouvé un remède à l'atonie citoyenne. Il a aussi aidé les formations politiques à afficher un autre visage en sortant de la monotonie des communiqués de condamnation ou

---

tour. Qui plus est, une telle candidature, en même temps qu'elle évite la dispersion et l'éclatement, a l'avantage d'amener ses différentes composantes à se peser. Ce qui ne sera certainement pas d'effet nul, en cas de victoire de B. S. S. », *L'Afrique et le défi républicain*, Op. cit., p. 252.

d'appel à la mobilisation. Néanmoins, en hissant la combativité citoyenne à ce niveau d'expression, la société civile voit éclore en son sein de nouvelles contradictions qui, au demeurant, n'ont pas échappé à la vigilance de certains de ses membres. La concentration des forces de frappe, en même temps qu'elle favorise l'affaiblissement du pouvoir, reste solidaire d'une lourdeur qui en constitue une limite. À cette difficulté, Mamadou Mbodj associe, cette autre, à savoir la nécessité du CASC de « définir une méthodologie garantissant son autonomie ». Cette préoccupation ressortira avec force dans la déclaration signée par les organisations de la société civile du Sénégal, au sortir de leur conclave du 30 juin 2011, à Ngaparou[106].

Indéniablement, la stratégie léniniste du « frapper ensemble et marcher séparément » ne saurait être efficace si l'une des forces coalisées est phagocytée par une autre. Ce qui suppose que les acteurs engagés dans le jeu politique de circonstance soient suffisamment assis, théoriquement et idéologiquement pour bien circonscrire, c'est-à-dire loin de la spontanéité, de l'anarchisme et du populisme, les espaces de convergence. Au demeurant, la société civile l'avait réussi fort bien le 23 juin 2011. Elle était parvenue à recadrer le mouvement dont certains acteurs, y compris des leaders charismatiques des formations politiques, s'étaient fait l'écho du mot d'ordre « *Wade dégage* » !

À l'heure actuelle, la question est de savoir dans quelle mesure la société civile poursuivra son bout de chemin avec les partis politiques et les mouvements coalisés, sans perdre son âme. Dans cet ordre d'idées, il est aussi loisible de se demander si la confrontation avec le pouvoir ne va pas générer des contradictions qui vont effriter son harmonie du moment. Enfin, le défi sera de voir sa capacité à

---

[106] Cf. Déclaration de Ngaparou du 30 juin 2011.

maintenir avec succès les pierres de touche entre l'engagement citoyen qui n'est pas antinomique à des prises de position politiques, et le militantisme, tel qu'il est pratiqué par les professionnels de la politique.

Avec et à côté de la société civile, l'enseignement du 23 juin sera la montée sur la scène à la fois médiatique et politique des rappeurs à travers le Mouvement « *Y'en a marre* ». Dans le prolongement de leur implication, dans non pas la victoire, mais le triomphe du 23 juin, il importe de retenir que, pour au moins d'ici aux élections du 26 février, ils vont constituer une composante qui ne saurait être prise comme quantité négligeable. Cette appréciation est dictée par le fait qu'ils ont inscrit leur engagement dans la durée. Partant, au-delà de la croisade contre la monarchisation du pouvoir, ils se sont fixé un cahier de charges suffisamment édifiant sur leur détermination à assumer en toute connaissance de cause leur citoyenneté.

Le premier chapitre de ce document concerne leur attachement à la tenue d'un scrutin fiable, donc à même d'exprimer valablement le choix de la personne à qui les Sénégalais envisagent de confier le destin de leur pays. Et, loin de s'en confiner à un vœu pieux, les «*Y'en a marristes* », conscients du ventre mou du système électoral, ont bien mis en évidence les maillons de la chaîne électorale sur lesquels ils vont focaliser leur attention. À preuve, échangeant avec le représentant du quotidien sénégalais l'Obs à Nouakchott, Mamady Camara, en marge du Festival international *Assalamou haley koum*, Thiat explique : « Nous, Y'en a marre, nous nous portons garants de ces élections, que l'on veut surveiller en amont comme en aval. On va surveiller les bureaux de vote pour éviter les fraudes électorales. Nous serons présents dans tous les bureaux de vote, qui vont ouvrir à 8 heures et fermer à 19 heures. Nous sillonnerons tout le pays. On ne va pas accepter les transferts des militants d'une zone à une autre »[107].

Par ces mesures, il prouve qu'ils sont très édifiés sur les goulots d'étranglement qui hypothèquent la fiabilité et la transparence des consultations électorales. L'opposition n'a jamais réussi, sous le PS comme sous l'ère libérale, à assurer une couverture sécuritaire de la totalité des bureaux de vote. Nous rappelions la thèse de Ousmane Tanor Dieng : « Là où le contrôle n'a pas été possible, c'est-à-dire dans les localités, des zones éloignées, avec la complicité du commandement territorial, la fraude a existé et le PDS et ses alliés ont gagné »[108].

Pour cerner toute la portée de cet engagement, il faut avoir en mémoire le travail titanesque mené, en 2000, par les journalistes pour sécuriser le scrutin. Si, aujourd'hui, en plus des forces que constituent les professionnels de l'information et de la communication, viennent se joindre de nouveaux et surtout jeunes bras, un tel facteur ne peut que légitimer l'espoir d'avoir des élections plus fiables et plus transparentes.

Le second chapitre est, pour ainsi dire, leur encadrement des citoyens, pour qu'ils ne tombent pas dans le piège des démagogues et semeurs d'illusion. Il s'agit dès lors non pas de se substituer aux citoyens électeurs encore moins d'imposer un *ndiguël* politique nouvelle formule, mais de créer les conditions d'un choix conséquent : « Nous ne donnerons pas de consigne de vote. Nous allons plutôt procéder par élimination »[109]. Cette sélection aura à s'opérer à partir d'un double critère : celui de l'intégrité

---

[107] Thiat, Entretien avec Mamady Camara, *L'Obs* du 22/06/2011.
[108] Ousmane Tanor Dieng, cité dans *L'Afrique et le défi républicain*, *Op. cit.*, p. 87.
[109] Thiat, Entretien avec Mamady Camara, *Op. cit.*

morale et celui de la pertinence du programme. Dès lors, par-delà, la croisade contre le PDS et ses dérives autoritaristes, le « Mouvement Y'en a marre » enclenche le procès de toute la classe politique. Sans doute, l'actuel secrétaire général du Parti socialiste, Ousmane Tanor Dieng, ayant joué un rôle de premier plan dans la gestion socialiste au lendemain de la disgrâce du tout puissant Jean Collin, a suffisamment perçu ce message pour afficher ces bonnes intentions : « ... 11 ans d'opposition, ça m'a permis de faire mon autocritique personnelle. Il y a des choses pour lesquelles tel ou tel me faisait des reproches et sur lesquelles j'ai réfléchi »[110].

Mais, la prise en charge de cet ambitieux programme citoyen, en même qu'elle peut contribuer à l'assainissement des mœurs politiques et à assurer la qualité du vote, pose de redoutables problèmes. Dans quelle mesure un mouvement à vocation artistique peut-il s'impliquer jusqu'à un certain niveau dans le jeu républicain tout en préservant à la fois son âme et son unité ? Ce mouvement, si soudé, pourra-t-il résister aux pressions de toutes sortes, aux pièges et traquenards, du pouvoir comme de l'opposition, pour s'assumer avec rigueur et esprit de suite ? La multiplication des tâches citoyennes, dans un contexte politique aussi complexe que celui du Sénégal d'aujourd'hui, ne va-t-elle pas appeler de nouvelles exigences qui vont déborder une organisation du genre de « *Y'en amarre* » ? Si «*Y'en a marre* » est aujourd'hui un slogan qui a réussi à supplanter le *Sopi*, les nouvelles contradictions qui se feront forcément jour au soir du 26 février 2012 ne le rendront-elles pas anachronique ?

---

[110] Ousmane Tanor Dieng, Entretien avec Moustapha Barry, *Walf* du 05/07/2011.

Sans doute, tous ces enseignements sont aussi pertinents les uns que les autres. Cependant, la leçon fondamentale de ce 23 juin 2011 est la prise de conscience de cette capacité, peut-être jusqu'ici pas correctement évaluée, du peuple à remettre de l'ordre dans les affaires de la République. Par une mobilisation d'une portée citoyenne, le peuple a repris possession de son pouvoir, en sanctionnant négativement ou positivement ses mandants, selon leur prise de position dans le débat sur le projet du ticket présidentiel.

Certes, depuis l'avènement de la presse privée dont la contribution au débat démocratique s'est opérée par la conjugaison des technologies de l'information et l'usage des langues du pays, notamment le wolof, les Sénégalais avaient commencé à s'exercer à interpeller les politiques pour qu'ils rendent compte et répondent de leurs actes et promesses. Mais, l'innovation majeure du 23 juin est que l'exercice a cessé d'être uniquement médiatique et oral. Le député est évalué publiquement et directement, à partir de sa manière de prendre en charge la mission républicaine qui lui est assignée par ses électeurs.

Ce tournant, aux accents révolutionnaires, est bien exprimé par le chroniqueur et analyste Mame Less Camara : « C'est ce peuple qui est venu assiéger l'Assemblée nationale pour s'assurer que ses représentants allaient faire bon usage des mandats qu'il leur a octroyés. Le déploiement du service d'ordre n'a pas impressionné les manifestants ni non plus, la violence des charges policières. Il y avait quelque chose au-dessus de la peur... Hier, tout le monde a compris que le député devait des comptes à la population qui l'a élu pour défendre ses intérêts. En vérité, des députés ont également découvert que l'élu est au service de l'électeur, et non du parti ou du leader auquel il fait allégeance »[111].

Au demeurant, la presse toujours sur le qui-vive a bien vu et rendu compte de cette promptitude avec laquelle le peuple, lui-même, s'est évertué à « *trier ses députés* ». Tandis que Me El Hadji Diouf est réclamé par la foule, Cheikh Bamba Dièye, porté en triomphe, Mously Diakhaté, Samba Dioulde Thiam, l'Imam Mbaye Niang et le libéral Wack Ly sont chaleureusement applaudis.[112] En revanche, les députés libéraux étaient attendus par de « jeunes excités ne cessant de les inviter, à coup d'insultes, à sortir afin qu'ils leur fassent la fête »[113].

Pour le temps d'une journée, la peur a radicalement changé de camp. Les hommes du pouvoir les plus lucides ont vite compris que quand le peuple se confond avec la foule, c'est le début de tous les périls possibles. Cette réalité est apparue dans toute sa nudité quand la presse, aux premières heures de la matinée, a informé les Sénégalais de l'attaque dont le domicile de Me Abdoulaye Babou, président de la commission des lois de l'Assemblée nationale, a été l'objet. Des députés comme Moussa Sy ont dû user de toute leur énergie pour convaincre leurs confrères, déconnectés du réel politique, des menaces de citoyens décidés à solder, sur le coup, des années de frustrations, de brimades et de manquements à leur dignité d'homme.

---

[111] Mame Less Camara, « Les impromptus de l'Hémicycle », *Le Pop* du 24/06/2011, *op. cit.*

[112] Yakhya Sall, « Quand le peuple trie ses députés », *Walf* du 24/06/2011.

[113] Mbaye Thiandoum, « Cri de victoire de la foule : El hadji Diouf, Cheikh Bamba Dièye et Mously Diakhaté portés en triomphe », *l'As* du 24/06/2011.

Et si, parmi les proches de Wade, la quête de sinécure a constitué un véritable écran pour s'offrir une lecture correcte du contexte, des libéraux, qui ont suffisamment l'intelligence des intérêts supérieurs de leur parti, ont mis en évidence les enjeux sous-jacents à la manifestation républicaine du 23 juin. Au nombre de ceux-là, Fallou Mbacké qui tire sur la sonnette d'alarme dans ces termes : « Le dynamisme du jeu politique dopé par l'émergence de nouveaux acteurs de la mouvance et de l'opposition est tangible, et cette mobilisation de grande envergure qui en est l'expression, est aussi un signe, celui de l'engagement d'une frange non négligeable de la population qui a choisi désormais de faire entendre sa voix, lorsqu'elle jugera que les décisions émanant de l'Exécutif ne sont pas conformes aux aspirations du peuple »[114].

---

[114] Fallou Mbacké, Conférence, *Op. cit.*

Chapitre VI

Au-delà de la question ponctuelle

La mobilisation du 23 juin, pour avoir été un succès franc, n'a pas pour autant dissipé les nuages qui s'amoncellent sur le ciel sénégalais. Le retrait du projet de ticket présidentiel n'a pas entraîné celui de la candidature de Me Abdoulaye Wade pour briguer un troisième mandat. Il était d'autant plus illusoire de s'attendre à cet effet d'entraînement que le chef de l'État n'est toujours pas convaincu de l'anti-constitutionnalité de la réforme rejetée par une bonne frange de ses concitoyens.

Dans son entendement, les Sénégalais n'ont pas compris que son intention était véritablement de hisser le système politique au niveau des plus grandes démocraties du monde. Or, le maintien de sa candidature prolonge et aiguise cette autre fracture née le 23 juin au sein de ses concitoyens. Cet aiguisement est favorisé par le fait que, d'une part, l'acte de candidature est jugé comme constitutionnellement irrecevable et, d'autre part, par la certitude que le Conseil constitutionnel n'est pas prêt à dire le droit.

Sans revenir ici sur les différentes prises de position, il nous est loisible de noter que pour sortir de cette impasse, la mesure qui s'impose est de substituer au juridisme creux l'esprit républicain. À ce sujet, Mamadou Seck, le président de l'Assemblée nationale, a eu à formuler, lors de la contremobilisation du camp libéral du 23 juillet 2011, cette idée digne d'intérêt : « Le droit constitutionnel est le lieu de toutes les interprétations ». L'une des raisons en est que, sans doute, de tous les ordres du savoir, issus des flancs de la philosophie, la science juridique porte, le plus, le pluralisme de la discipline originelle. Autant, il est superflu de prétendre délester de la philosophie la controverse qui constitue une de ses marques identitaires, autant le discours juridique n'est pensable sans la possibilité de contenir les points de vue les contradictoires.

Mais, c'est parce qu'il est de la nature d'un texte juridique, de surcroît constitutionnel, de se prêter à plusieurs lectures qu'il est opportun de se souvenir de feu Abdou Aziz Sy[115], dont le rappel à l'ordre républicain à l'endroit des députés sous Abdou Diouf, reste aussi valable et pertinent pour les professionnels du droit. La décision à prendre dans pareil contexte gagnerait à être densément imprégnée du souci majeur de trancher dans l'intérêt exclusif du peuple-mandant, et dans la perspective d'être en adéquation avec soi-même, nous voulons dire avec sa propre conscience. Ne jamais oublier qu'on doit répondre de son acte, à la fois, devant le peuple et — si on est croyant — devant Dieu, permet de se prémunir contre toute

---

[115] Dans *L'Afrique et le défi de la modernité*, nous évoquons ce passage souvent repris par les Stations Fm au Sénégal, notamment quand la République est très secouée : « Vous, les Députés, avant de voter les propositions de loi qui vous sont soumises, demandez-vous quel intérêt elles ont pour Abdou Aziz Ndaw, (président de l'Assemblée nationale), pour le chef de l'État, Abdou Diouf, pour le peuple sénégalais. Et n'oubliiez surtout pas que vous devrez répondre de votre décision devant Dieu. » Dakar, Éditions Panafrika/Silex/Nouvelles du Sud, 2006, p. 279. Pour rappel, le président du groupe parlementaire libéral, Doudou Wade, dit avoir été inspiré par ces conseils du Khalife général des Tidianes dans sa décision du 23 juin de soumettre à Me Wade l'idée du retrait du projet de loi de toutes les controverses.

interprétation dictée par l'opportunisme politique et la quête éhontée de sinécure. Seuls l'esprit républicain et la bonne foi sont à même de guider positivement le député et/ou le constitutionnel invité à poser des actes de ce genre.

Dans cette mouvance, il convient de réitérer l'interrogation philosophique : quelle est la finalité de la limitation des mandats ? Pourquoi, dans la dynamique de la démocratisation, cette limitation a-t-elle été l'objet d'une attention toute particulière ?

Cette disposition constitutionnelle a obéi à la nécessité de mettre un terme à des présidences dont la longueur fait le lit des dérives républicaines les plus exécrables. L'Afrique, surtout francophone, a pendant de longues années fait les frais de cette pratique. La limitation des mandats est le corollaire du sens de la mesure que déterminent les contextes historiques, afin d'insuffler le maximum de rationalité à la gouvernance des hommes.

Sous ce rapport, la loi est indissociable de cet esprit qui l'enveloppe et qui constitue sa vérité. Dès lors, Me Wade eut-il le droit de se représenter, l'esprit de la loi le lui aurait interdit pour au moins trois raisons. Il a, premièrement, déjà fait deux mandats en tant qu'ancien opposant ayant contribué de manière définitive aux succès dans la lutte contre les perversions démocratiques. L'esprit, qui a présidé à son engagement dans les batailles politiques pendant près de 26 ans, aurait dû l'inciter à renoncer à cette perspective.

En outre, avec ses deux mandats, une bonne frange de ses concitoyens considère que c'est violer la Loi fondamentale, à la Mamadou Tandja, que de vouloir se représenter pour février 2012. À cet égard, il est symptomatique que parmi ses adversaires, figurent ses anciens premiers ministres et directeurs de campagnes électorales pour les présidentielles de 2000 et 2007, en l'occurrence Idrissa Seck et Macky Sall. Au demeurant, il n'est pas superflu de rappeler que, c'est de l'intérieur de sa propre formation politique, que sa candidature a été contestée sans atermoiement. Rafraîchissant la mémoire de ses compatriotes, Idrissa Seck rappelle : «... C'est aussi, en tant que membre du comité directeur du PDS, que je lui ai dit que sa candidature était irrecevable »[116]. Ce camp de la fronde est aujourd'hui renforcé par le M 23, décidé à reconduire la même mobilisation que celle de «*Touche pas à ma Constitution*», pour amener Wade à être en règle avec la Constitution. En d'autres termes, les Sénégalais vont s'engager dans des épreuves que seul l'esprit républicain permettrait d'éviter.

Dernier argument, mais pas le moindre : l'âge du président. Comment, conscient de la débauche d'énergies physique, mentale et intellectuelle que requiert la fonction de président, confier une telle mission à un homme aux 87 ans révolus ?[117]

Cette contestation de la constitutionnalité de la candidature de Wade est assortie du scepticisme sur la capacité du Conseil constitutionnel à délibérer dans un esprit authentiquement républicain. Ce manque de confiance trouve son origine dans le gap constaté entre les principes fondateurs de la République et le vécu des citoyens. Du point de vue théorique, l'État de droit est impensable sans cette séparation franche entre les pouvoirs exécutif et judicaire. Mais dans la réalité, le plus souvent, le pouvoir judiciaire est sous la tutelle des gouvernants. Cette

---

[116] Idrissa Seck, Entretien avec *L'Obs* 18/07/2011.

[117] Alpha Amadou Sy, « Il est inhumain de pousser un homme de 87 ans à se représenter », séance de dédicace de *L'Afrique et le défi républicain*, Daouda Alkaly Sagna, *Le Quotidien* du 13/09.2011, *L'Obs* du 12/09/2011.

vassalisation est plus perceptible dans les « jeunes démocraties », qui souffrent de l'absence d'institutions solides et d'une bonne culture républicaine, seules à même d'être de sérieux remparts contre les dérives autocratiques, consubstantielles à tout pouvoir. Le débat sur l'indépendance de la justice est d'autant plus actuel que le Sénégal a instauré un présidentialisme dévalué, ou alors tropicalisé, en violant le principe d'incompatibilité entre la fonction de président de la République et celle de secrétaire général du parti. Qui plus est, les membres du Conseil constitutionnel sont nommés par le chef de l'État, lui-même. Dans ces conditions, le principe fondateur de la séparation des pouvoirs en prend un sacré coup. Dès lors, s'installe la suspicion voire la méfiance des citoyens vis-à-vis de ces institutions.

Il s'y ajoute qu'à la lumière de l'histoire récente de ce pays, il est difficile de dire que cette prestigieuse Institution, qui coûte aux contribuables sénégalais énormément d'argent, a réussi à les convaincre de son impartialité. Au-delà des cas où il a reconnu son incompétence à trancher des différends sur lesquels l'attendaient les citoyens, il hérite d'un passé pas glorieux, ou tout au moins pas exemplaire, en matière de prise en charge de sa mission républicaine qui consiste à dire le droit. Pour s'en convaincre, il faut rappeler le verdict du Conseil constitutionnel pour la Présidentielle de 1993 qui avait inspiré à *Walf* du 15 mars ce titre « Précédent dangereux ! », à *Sud quotidien*, « Au-delà du droit » avec un éditorial de Babacar Touré, et à Options, du mois d'avril 1993, « La polémique du Conseil constitutionnel ».

La question aujourd'hui est de savoir dans quelle mesure les membres actuels du Conseil constitutionnel sauront-ils dire le droit, en ne se laissant guider que par l'esprit républicain et la bonne foi. Certes, les citoyens – dans leur immense majorité – ne sont pas tous outillés pour interpréter les articles et alinéas d'un texte juridique. Mais ils sont assez responsables et intelligents pour se laisser convaincre par la rigueur et l'esprit d'impartialité qui président à l'énoncé d'un verdict. Aussi, revient-il à l'instance délibérative de faire montre de suffisamment de clarté et de bonne foi, afin de gagner progressivement la confiance des justiciables.[118]

En vérité, la difficulté à laquelle Wade se trouve confronté en ce moment est plus d'ordre politique que juridique. À ce propos, est-il besoin de rappeler que l'actuel chef de l'État avait lui-même déclaré irrecevable sa candidature à un troisième mandat ? Juriste, sans aucun conflit avec la langue de Molière, sachant ce que parler veut dire, il avait péremptoirement affirmé en mars 2007 qu'il avait verrouillé la Constitution dans le sens du respect de cette limitation. Dès lors, le fond de la question reste le volet politique de cette problématique.

En fait, Me Wade, en usant de trucs et d'astuces dans l'espace politique, a fini par s'enfermer dans un biotope duquel il aura du mal à sortir sans de sérieux effets collatéraux. À ce sujet, nous disions que la question n'est plus de savoir qui sera la victime de cette *secondophagie*[119] mais jusqu'où mènera-t-elle. La réponse, nous l'avons aujourd'hui : à force de faire le vide autour de sa personne, il ne reste à Wade que de rares fidèles prompts à migrer au moindre signe de désistement. Aussi, vit-il un drame, appréhendé dans ces termes par le chroniqueur du

---

[118] Nous reprenons ici les idées émises lors de notre entretien avec Lamine Sall du quotidien *Siweul*, N° 40, « Le Conseil constitutionnel doit gagner la confiance des justiciables ».
[119] Alpha Amadou Sy, *L'Afrique et le défi républicain*, Op. cit., p. 169.

quotidien Le *Pop*, Mame Less Camara : «... Le président, me semble-t-il, doit être encore en train d'hésiter entre une candidature qui risque d'être catastrophique pour lui et son parti, et une déclaration de non-candidature qui aurait des conséquences encore plus catastrophiques, parce que s'il n'est pas candidat en 2012, vous imaginez la débandade dans son parti, dans l'Administration et dans son gouvernement »[120].

Dans ce cas d'espèce, le juridisme est inopérationnel dans la simple mesure où une question politique demande une réponse politique. De ce point de vue, la position des Américains exprimée sans ambages par le Conseiller spécial du Sous-secrétaire d'État américain, chargé des Affaires africaines, Éric Silla, est plus que révélatrice : « Dans toutes les démocraties, il y a un contrat social... Et ce qu'on a vu depuis un certain temps, c'est que si le Président Wade pousse trop, cela pourrait rompre le contrat social au Sénégal parce qu'il y a tellement de gens qui sont contre »[121]. Dès lors, le dialogue politique s'avère nécessaire, afin de ne pas installer le chaos dans la République.

Cependant, cette perspective semble sans lendemain dans la mesure où, d'une part, l'antagonisme entre les deux camps s'accentue et, d'autre part, l'initiative du groupe des Six a fait long feu. Pour rappel, de bonnes volontés, notamment des dirigeants d'organisations patronales, Mansour Kama et Baïdy Agne, une femme d'affaires, Anna Bâ Dia, un architecte Pierre Goudiaby "Atépa", un universitaire, Ismaïla Madior Fall, et un journaliste, Mbaye

---

[120] Mame Less Camara, « C'est le plus mauvais discours de Wade que j'ai entendu ces 20 dernières années », Entretien avec Diacounda Séne, *Le quotidien* du 15/07/2011.
[121] Eric Silla, « Si le président pousse trop, il risque de rompre le contrat social », Entretien avec Christophe Boisbouvier de RFI, repris par Moustapha Barry, *Walf* du 13/07/2011.

Sidy Mbaye, avaient pris des initiatives pour amener Wade et « son » opposition à se parler. Cependant, cette entreprise républicaine n'a pas jusqu'ici enregistré les effets escomptés.

Sous un tout autre rapport, s'il est indéniable que la résolution de cette question ponctuelle qui pollue l'atmosphère politique du Sénégal participe d'un impératif catégorique, il reste qu'il serait judicieux de l'aborder en ayant le sens de l'horizon, nous voulons dire de la perspective. Une telle précaution évitera de s'enfermer dans un procès non cumulatif où les mêmes combats pour les mêmes causes et, pratiquement, dans les mêmes formes reviennent cycliquement.

Certes, en démocratie, toute avancée résulte d'une conquête et aucun acquis n'est irréversible. S'il en est ainsi, c'est parce qu'il est de la nature des pouvoirs de retirer de la main gauche ce qui a été cédé par la main droite. En fonction de cette donne, il incombe aux protagonistes de l'espace public, acteurs politiques, citoyens et intellectuels, de s'évertuer, au mieux possible, d'ancrer leurs actions dans la durée, en évitant les solutions et réponses de circonstances.

Une telle perspective suppose, à la fois, un esprit de suite et le sens du projet. Ce faisant, en jetant un regard critique sur les causes de quelques impasses de la classe politique sénégalaise, il est loisible de réaliser jusqu'où peut mener tout laxisme par rapport à une telle exigence. Sans être exhaustif, il est loisible de prendre comme exemple la récurrente question d'incompatibilité entre la fonction de Président de la République avec toute autre fonction élective, publique ou privée.

Déjà, avec la crise politique opposant Senghor et Mamadou Dia, le principe de l'incompatibilité sera brandi comme un des points d'achoppement. Tout au moins, si l'on s'en tient à la Déclaration préliminaire de l'accusé principal de cette crise au sommet, il apparaît que les comploteurs sont ceux qui persistent dans le refus de respecter les principes républicains, garants d'une bonne gestion de la cité. Précisément, s'indigne Mamadou Dia : « Dans un régime de pluralisme politique, il est impensable qu'un Président de la République soit en même temps secrétaire général d'un parti »[122].

Cette question, de l'âge de la République, toujours posée pour être laissée en *stand-by*, importe pour notre étude. Elle n'est à nouveau remise sur table, avec tout cela implique comme débauche d'énergie, que quand les contradictions s'aiguisent. Dans ces conditions, l'opposition politique, consciente de cette dimension perverse du non-respect du principe d'incompatibilité entre la fonction de chef de l'État et de chef de parti avait soulevé à bras le corps cette question. Mais, la ruse du Président Abdoulaye Wade, conjuguée au bien mauvais calcul politique des formations alliées, est venue à bout de cette velléité d'insuffler un peu plus de rationalité dans la gouvernance de la société sénégalaise.

En réalité, dans la nouvelle Constitution, rédigée sous la direction du successeur de Diouf, une avancée sera notée : il est indiqué, de manière on ne peut plus explicite, que l'exercice de la fonction de Président de la République est incompatible avec l'exercice de toute autre fonction, qu'elle soit publique, élective ou privée. Cependant, cette concession n'est faite que pour perpétuer une tradition qui s'enracine dans les origines de l'État du Sénégal. Cette astuce n'a pas échappé au Professeur Seydou Madani Sy : « ... Le texte prévoit une exception : le Président de la

---

[122] Mamadou Dia, cité par Ousmane Camara, *Mémoires d'un juge africain, Itinéraire d'un homme libre*, Paris, Karthala-Crepos, 2010, p. 120.

République peut exercer des fonctions dans un parti politique. Le Président Wade a donc ignoré le fond du débat car, lorsqu'il était dans l'opposition, certains de ses alliés de l'époque soutenaient que le principe d'incompatibilité ne pouvait souffrir d'aucune exception. Les tenants de cette thèse considéraient que le Président de la République, chef de l'État et garant de l'unité nationale, devait être au-dessus des partis »[123].

Au demeurant, autant cette liberté par rapport aux engagements pris avec ses alliés a posé problème, autant le silence des autres composantes du FAL qui a porté Wade au pouvoir reste énigmatique. La Constitution, bien qu'ayant remis en cause l'un des points des plus essentiels des forces coalisées, a été votée sans état d'âme par tous les partis politiques, à l'exception du PIT, pourtant membre de la Coalition victorieuse, et du *Jëf Jël* de l'opposition politique.

La persistance de ce non-respect du principe d'incompatibilité est, pour ainsi dire, laissée une fois de plus en héritage aux générations futures qui auront à l'inscrire en bonne et due forme dans leur programme de bonne gouvernance. Cette perversion est, du reste, doublée de cette autre, consistant à généraliser le cumul des postes comme si au Sénégal les compétents relèveraient de l'exception.

Le cas le plus éloquent dans ce registre est le cumul du poste de premier ministre avec celui de directeur de campagne électorale. Comment gérer rationnellement les questions essentielles qui hantent les nuits de plus d'un Sénégalais et, en même temps, s'occuper de faire fonctionner cette complexe et immense machine par

---

[123] Seydou Madani Sy, *Les régimes politiques sénégalais de l'indépendance à l'alternance politique, 1960-2008*, Op. cit., p. 182.

laquelle on travaille pour la réélection du candidat sortant ? Comment, en toute rigueur, concilier une tâche fondamentalement républicaine et administrative, avec cette autre qui reste éminemment partisane, politique, voire politicienne ?

Pour opposants qu'ils soient, Ousmane Tanor Dieng (Secrétaire général de la Présidence et directeur de campagne de Diouf en 2000, et Macky Sall (premier ministre et directeur de campagne de Wade, en 2007), sont dans une mauvaise posture pour dénoncer cette pratique, à moins qu'elle ne soit dans le cadre d'une autocritique.

En plus de préoccupations purement politiques, il importe de mener la réflexion sur des questions soulevées avec acuité dans la dynamique des luttes citoyennes du 23 juin 2011. Au nombre de celles-ci, la problématique des jeunes. Les slogans ne sauraient être les armes miraculeuses à même de dissiper l'angoisse des jeunes. Le pouvoir ne pourra non plus continuer, ad vitam aeternam, à user de la lutte, du football et des navets des chaînes de télévision, publiques comme privées, pour garantir le défoulement qui permet de gérer en toute quiétude le refoulement. L'opposition non plus ne saurait continuer, une fois au pouvoir, à reconduire cette politique de crétinisation. Partant, dans tous les cas de figure, la prise en main correcte de cette question est tributaire de l'intelligence théorique des caractéristiques de cette frange la plus vulnérable de la société.

Alors que l'essentiel de cette catégorie sociale était composé de jeunes, qui, frappés par l'exode rural, venaient chômer ou s'investir, au meilleur des cas, dans le marché dit informel, aujourd'hui elle est forte d'un bon contingent de diplômés ambitionnant de devenir quelqu'un. Cette ambition est exprimée par la volonté de « *Tekki* », c'est-à-dire de réussir afin de s'offrir à soi, et d'offrir aux siens la qualité de vie à laquelle tout homme est en droit de s'attendre.

Or, ce rêve semble compromis à partir du moment où non seulement le marché de l'emploi est quasi inexistant, mais les autorités se pressent lentement pour utiliser les fruits de ce qu'elles appellent croissance, pour donner une vitalité à l'économie. Ceux qui détiennent les milliards restent dans la dynamique de la lumpen-bourgeoisie, telle qu'analysée par Frantz Fanon dans les *Damnés de la terre*[124]. D'ailleurs, à quelque exception, l'orientation de l'école reste bureaucratique. Cette perversion a eu un impact très négatif sur la politique volontariste des socialistes de l'opération dite « maîtrisards ». Des étudiants, fraîchement sortis de l'Université de Dakar, avaient bénéficié de financements pour s'investir dans le transport, dans le commerce et dans l'agriculture avec le fameux slogan « promotion des petites et moyennes entreprises ». Le résultat mitigé de cette initiative actualise l'une des recommandations des États généraux, organisés en 1981, allant dans le sens de réduire le gap entre l'école et l'activité professionnelle. Sous certains rapports, l'école d'aujourd'hui est même en deçà de l'institution scolaire sous l'ère coloniale.

Avant les indépendances, les programmes scolaires accordaient une place considérable aux travaux pratiques et aux activités intramuros. Tous les dirigeants de l'Afrique indépendante ne sont pas allés jusqu'à faire leur ce mot d'ordre du charismatique leader bissau-guinéen, « que tout internat incapable de se nourrir, ferme », mais ils étaient partie prenante de l'organisation des coopératives dans les écoles. Dans ses Mémoires, Amady Aly Dieng nous donne

---

[124] Frantz Fanon, *Les damnés de la terre*, Paris, Éditions François Maspero, 1961.

une idée de la place de la pratique dans l'institution scolaire : « L'école possédait des jardins entretenus grâce aux élèves, et sous la direction d'un ancien tisserand... L'un des jardins se trouvait à l'école, l'autre se trouvait à proximité du camp actuel des pompiers. Durant la saison sèche, une partie du jardin était consacrée aux cultures maraichères, l'autre à la culture du manioc »[125].

Cette pratique paraît aujourd'hui désuète et pourtant elle est nécessaire pour aider les diplômés à réussir leur insertion dans la vie active. Mieux, l'expérience des champs de l'Université Gaston Berger avec le Recteur Mary Teuw Niane prouve, si besoin en est, que là où il y a l'eau et la terre, aucune sorte de pénurie ne doit exister[126]. Sans doute, cette expérience concluante l'a encouragé à ouvrir une filière sanctionnée par un Diplôme Universitaire de Technicien Supérieur en Agro-écologie, DUTS-AGE[127].

---

[125] Amady Aly Dieng, *Mémoires d'un étudiant africain*, Volume I, *De l'École régionale de Diourbel à l'Université de Paris (1945-1960)*, Dakar, CODESRIA, 2011, p. 13. Certes, on peut objecter en insistant sur la finalité de cet enseignement colonial. Mais, cette activité pédagogique a toujours l'avantage d'initier l'apprenant aux métiers de menuisier, de maçon, etc. avec un rudiment lui permettant, même en tant que cadre supérieur, de savoir bricoler à domicile.
[126] Dans L'imaginaire saint-louisien (domou ndar), à l'épreuve du temps, « ... À ce niveau, on réalise toute l'irrationalité à la base de la pauvreté dans une région du monde où existent des sols riches et des bras valides qui s'ankylosent, faute de travail on est davantage ébahi par ce gâchis à la visite de la ferme agricole managée par l'agronome Mateugue Diack, sous le mandat du Recteur Mary Teuw Niane. Effectivement, l'Assemblée de l'Université, en sa session du 26 mars 2007, décida d'affecter 30 ha pour le développement des activités de la ferme agricole. L'objectif était la mise en place progressive d'activités de formation et de recherche devant déboucher sur des productions végétale, animale et aquacole ». p. 79
[127] L'objectif est de former des cadres intermédiaires opérationnels dès la fin de leur formation. ils seront notamment capables « de conseiller

En tout état de cause, former correctement les jeunes, financer rationnellement ceux qui veulent travailler la terre tout en les accompagnant sur toute la chaîne de production, faire triompher l'idéal républicain par l'exemplarité des actes posés, sont aujourd'hui autant d'impératifs, pour éviter l'explosion de ce qui pourrait relever demain du péril jeune. Cette hypothèse est d'autant plus plausible que l'un des principaux détonateurs du printemps arabe, surtout en Tunisie, est l'arrivée sur le marché de l'emploi de milliers de jeunes diplômés. À cet effet, il est symptomatique que Mohamed Bouazizi, dont l'immolation, le 17 décembre 2010, a donné le signal de la « *Révolution de la dignité* », était un bachelier qui ne pouvait même plus jouir de la liberté de pratiquer son métier de... marchand ambulant de fruits et légumes. Ce n'est pas non plus un hasard si les mouvements, qui ont le plus ébranlé le pouvoir libéral, trouvent leur origine dans les banlieues ou mettent à contribution les forces de frappe des milliers de laissés-pour-compte qui déferlent à partir de toutes les artères des quartiers périphériques.

L'attention à accorder à cette équation jeune est dictée par le fait qu'elle ne surgit pas seulement dans le processus de contestation de l'ordre prédominant. Elle refait surface dans le cadre de la redistribution des rôles, et de la répartition des biens au lendemain de la chute du pouvoir. Les jeunes ne se mobilisent pas pour offrir, sur un plateau d'argent, la possibilité de profiter des privilèges inhérents au séjour dans l'espace présidentiel. Ils militent pour

---

et de former à la production, de diagnostiquer les contraintes à la production, de définir et de mettre en œuvre les solutions appropriées, de mettre en œuvre toutes les activités de production végétale dans le respect de l'environnement »,
Cf. http://www.ugb.sn/s2ata/DUTS_AGRO_ECOLOGIE.pdf.

quelque chose de plus essentiel, car relevant de leur exigence de vivre dignement de la sueur de leur front.

Sous ce rapport, l'expérience tunisienne est à même de constituer une leçon de science politique pour toute la classe politique. Cet enseignement est très explicite dans cette analyse de Serge Halami : « Ces couches populaires, singulièrement les jeunes, n'entendent pas avoir risqué leur vie pour que d'autres, moins téméraires mais mieux introduits, perpétuent le même système social, nettoyé de ses verrues policières et mafieuses »[128].

Parmi ces questions que soulève cette journée du 23 juin, figure celle ayant trait aux rapports entre l'islam et le mouvement citoyen. Bien sûr des avancées citoyennes ont été notées au niveau des rapports entre les Sénégalais et leurs convictions religieuses. Le fait que des imams aient dirigé un mouvement, de portée citoyenne aussi incisive que celui qui a engagé le bras de fer contre la Société d'électricité, est assez révélateur de ce phénomène. Qui plus est, l'important démembrement de forces religieuses, ayant participé à la crédibilité et au succès des Assises nationales, conforte cette tendance : Mansour Sy Jamil, Cheick Khoureichi Niasse, Sérigne Saliou Mbacké de la famille Gaindé Fatma de Taif. Dans cette forte tendance, la dynamique, qui s'appuie sur une lecture judicieuse du Coran, pour rendre intelligibles postures et prises de position, est très révélatrice du changement de mentalités. Cependant, pour avoir insisté sur ces acquis des plus salvateurs pour l'ancrage de la démocratie à partir de l'univers culturel et religieux des Sénégalais, nous n'en avions pas moins considéré que des efforts étaient encore à fournir, notamment par cette intelligentsia qui a ce triple

---

[128] Serge Halimi, « L'impossible arrive », *Monde diplomatique*, février 2011.

avantage de maîtrise de l'arabe, du Coran et de la langue de Molière[129].

De par l'attitude prise par certains guides religieux musulmans, il s'avère qu'une réflexion est à approfondir pour cerner ce gap entre les citoyens et leurs guides spirituels. Omar Faye de « *Leeral askan wi* » confirme ce fossé quand il souligne : « Si la religion chrétienne était une confrérie, tous les Sénégalais seraient des chrétiens. Je salue le courage du cardinal Théodore Adrien Sarr qui prend toujours position quand il s'agit de choses qui touchent le peuple sénégalais »[130].

Au regard de cette implication des chrétiens dans le jeu républicain, certains musulmans sont, de plus en plus, portés à reprocher à leurs guides religieux de n'avoir pas cette attitude citoyenne très affichée par le clergé chrétien qui ne rate pratiquement aucune opportunité pour rappeler les uns et les autres à l'ordre républicain.

Aux marabouts, il est surtout reproché, pour traduire littérairement du wolof au français de voir non pas ceux qui donnent les premiers coups, mais ceux qui les rendent. Ce faisant, ils ont la propension à garder le silence quand les nuages s'amoncellent et de faire des sorties en pleine crise pour rappeler aux croyants les vertus du dialogue et de la paix. Pire, bien de guides religieux musulmans caractérisent les citoyens contestataires comme des fauteurs de trouble, « oubliant » que leurs manifestations sont souvent des réactions par rapport aux atteintes très graves aux droits fondamentaux que garantit la Constitution. Très explicite, le musicien Ouza Diallo dénonce : « Les marabouts parlent de "fitna" lors des manifestations. Mais le découpage de

---

[129] Cf. *L'Afrique et le défi républicain*, sous-chapitre « L'urgence des ruptures et les exigences de l'intellectualité », *Op. cit.*, p. 237.
[130] Omar Faye, *Le Pop* du 24/06/2011.

Sangalkam, ce n'est pas du "fitna" ça. Les délestages, mais pourquoi ils n'ont rien dit depuis lors ?... Mais quand il y a des manifestations, ils commencent à dire : "Dieu a dit, le Prophète a dit"... personne n'a parlé de la mort de Malick Bâ, mais quand les gens sortent dans la rue, ils se prononcent »[131].

Par extrapolation, il incombe à l'intelligentsia d'apporter des clarifications dans un contexte où il est de plus en plus démontré que l'antinomie entre islam et démocratie, islam et rationalité, est plutôt une vue de l'esprit. Dans cette logique, sans s'en limiter aux éminents penseurs occidentaux qui se sont évertués à rétablir la vérité[132] sur la portée multiforme du discours islamique, il est loisible d'évoquer l'intérêt, de plus en plus croissant, que des chercheurs et militants des droits de l'homme accordent au Coran. À ce sujet, introduisant sa problématique, l'Américaine Margot Badran écrit : « À mon sens, le féminisme islamique est au cœur d'une transformation qui cherche à se faire jour à l'intérieur de l'islam. Transformation et non réforme, car il ne s'agit pas d'amender les idées et coutumes patriarcales qui s'y sont infiltrées, mais d'aller chercher dans les profondeurs du Coran son message d'égalité des genres et de justice sociale, de le ramener à la lumière de la conscience et de l'expression et d'y conformer, par un bouleversement

---

[131] Ouza Diallo, Entretien, *Le Pop* du 01/07/2011.

[132] Cf. Alphonse de Lamartine, *Histoire de la Turquie*, Paris, Saws, 1854, Victor Hugo, *Éphémérides*, Paris, 1885, Katharina Mommsen, « Dans l'Islam, nous vivons et mourons tous. La relation de Goethe avec la religion musulmane et avec son prophète Mohamed », Revue « *Mitteilungen der Alexander Von Humbold* », 22/03/1982, traduit de l'allemand par Peter Anton Von Armin et Abdoulaye Diouf Von Armin.

radical, ce qu'on nous a si longtemps fait prendre pour de l'islam »[133].

Loin de nous de nous prononcer ici sur le contenu de ce propos, il est uniquement question de désigner du doigt l'urgence d'une réflexion que d'autres risquent de mener à la place des musulmans, afin de leur dicter ce qui semble, pour eux, être les vraies et bonnes conduites[134]. La problématique concernant religion et société, spiritualité et esprit républicain, islam et droits de l'homme est un espace ouvert au débat. Des réponses apportées à ces différents questionnements, dépendra la capacité de faire bouger les sociétés africaines encore victimes des lectures patriarcales des discours chrétien et islamique.

Au demeurant, cette problématique s'insère dans un cadre beaucoup plus vaste, celui de la place de la culture dans l'évolution du Sénégal, voire de l'Afrique. On entend dire qu'on ne développe pas un peuple, c'est lui qui se

---

[133] Margot Badran, « Islamic Feminism on the Move », cité dans son article « Où en est le féminisme islamique », *Critique internationale*, n° 46, janvier-mars 2010, p. 25.

[134] Nous avons eu le privilège de réaliser la fécondité et l'urgence de pareils débats en participant à la conférence animée par la Professeur Margot Badran, le 24 août 2011, au Centre International de Réactivation et Centre International de Recherches ; les discussions, menées à cette occasion sur la question du genre et de l'héritage dans l'islam avec le Professeur Cheickou Diouf et Docteur Mouhamed Habib Kébé, respectivement, auteurs de *Saint-Louis, une métropole islamique (Le patrimoine culturel et architectural)*, Presses Universitaires, Université Gaston Berger, Saint-Louis, 2008 et *Pour un dialogue des cultures*, Dakar, Éditions Panafrika/Silex/Nouvelles du Sud, 2010 , ont été d'une haute portée intellectuelle. Soit dit en passant, on ne peut pas ne pas noter la non-implication des citoyennes et citoyens qui s'agitent sur la question genre dans ce type de débat.

développe. Cependant, pour se développer, un peuple a besoin d'élite qui lui balise la voie. Si les peuples eux-mêmes étaient en mesure de se frayer leur propre voie, menant à l'émancipation économique et au progrès social, ils n'auraient pas besoin de leaders, en l'occurrence d'hommes politiques. Et l'aptitude des dirigeants à être de véritables conducteurs d'hommes est tributaire de leur capacité à s'ancrer dans les valeurs les plus fécondes de leur société, afin de mettre en à profit ce qu'ils retiennent des autres peuples. On ne le dira jamais assez : l'évolution fulgurante de l'Union soviétique, du Japon et de la Chine s'explique, ne serait-ce qu'en partie, par cette synthèse réussie.

Et, les acteurs-citoyens du 23 juin, en réitérant avec force la nécessité de recouvrer la dignité, traduite en termes de « *fulla, fayda, jom* », rassurent en convoquant la culture pour affirmer leur ancrage aux valeurs fondatrices de l'*humanitude*.

Enfin, le dernier, mais pas le moindre, il est quasi impossible de s'engager dans la perspective, en faisant l'impasse sur l'environnement international qui aura été l'une des conditions de possibilité de cette révolte citoyenne couronnée de succès. Si le pouvoir libéral a su, dans une certaine mesure, raison garder pour ne pas s'engager résolument dans une féroce logique répressive, c'est parce qu'il a conscience du penchant de la « *communauté internationale* » pour une résolution à l'amiable des conflits qui secouent les pays africains. Que les Nations-Unies et l'Union européenne aient cherché, en ménageant « *le diplomatiquement correct* », à encourager les solutions pacifiques et républicaines un signe des temps ! Au demeurant, cette posture elle-même ne témoigne d'aucune reconversion des partenaires au développement, qui abandonneraient subitement leurs intérêts pour promouvoir la solidarité, l'humanisme et la coopération fraternelle.

Cette attitude est plutôt dictée par la conjonction d'évènements favorables aux avancées démocratiques et à l'expression républicaine. Le 23 juin, c'est quelques mois après le dénouement de la longue tragédie militaro-politique ivoirienne. C'est après le désordre républicain créé par Mamadou Tandjan au Niger, et les frayeurs consécutives au test républicain en Guinée. Mais, le 23 juin 2011, c'est surtout quelques semaines après le printemps arabe dont la seule tache noire aura été la révolution libyenne sous perfusion.

Sous cet angle, s'impose une réflexion au sujet des rapports entre les pays dits en voie de développement et leurs partenaires. Tant que les peuples de ces pays se font dociles, les pires formes de gouvernance sont, au meilleur des cas, condamnées seulement du bout des lèvres par la communauté internationale. Cependant, dès que « *ça bouge* », à la minute qui suit, les amis sont déclarés dictateurs et fascistes[135].

De ce point de vue, le virement spectaculaire de la diplomatie française est des plus révélatrices. Pour rappel : « Au moment où des foules en majorité musulmanes

---

[135] À ce propos cette anecdote fait sens. Ousmane Camara raconte les difficultés auxquelles il s' était trouvé confronté quand, informé par Moustapha Niasse du coup d'État perpétré, en Gambie, par Kukoï Samba Sanyang contre Daouda Diawara, il s'était engagé à faire venir le président déchu au Sénégal. Invité en Grande-Bretagne à l'occasion du mariage entre le Prince Charles et Lady Diana Spencer, dès que Daouda Diawara perdit le pouvoir, même par un coup de force anticonstitutionnel, tous les statuts et privilèges lui furent automatiquement retirés. Ousmane Camara constate : « Aucun concours n'est à attendre de la Grande-Bretagne pour l'acheminement à Dakar de « Mister » Diawara dont le titre de « Sir » venait à l'occasion d'être oublié », *Mémoires d'un juge africain*, *Op. cit.*, p. 236.

réclamaient la liberté et l'égalité, la France éclairait à sa manière « le débat » sur la compatibilité entre démocratie et islam ; elle proposa au régime chancelant de Ben Ali « le savoir-faire de nos forces de sécurité »[136]. En faisant de Michelle Alliot-Marie son bouc émissaire, le gouvernement français a essayé de rattraper le train de l'histoire pour finir par « aller au secours » du peuple libyen avec le résultat que l'on connaît[137].

Ce contexte politique laisse penser que le cycle actuel est exceptionnellement favorable aux expressions citoyennes. Il est ouvert, pratiquement, avec l'élection de Barack Obama[138] qui a inauguré des relations nouvelles avec le monde musulman, susceptibles de permettre aux États-Unis de se redéployer dans une région où elle était visiblement en train de perdre du terrain[139]. Et l'Afrique aussi a, dans une certaine mesure, bénéficié du souci du nouveau locataire de la Maison Blanche de revitaliser la politique de son pays dans le continent désormais ouvert aux Malaisiens, Japonais, Indiens, Chinois, etc.

---

[136] Serge Halimi, « L'impossible arrive », *Op. cit.*

[137] Sous ce rapport, cette information s'avère précieuse : « ...Pourtant, la ministre était sincère : entre décembre 2010 et janvier 2011, 4 cargaisons de matériel de maintien de l'ordre (tenues, protection et grenades lacrymogènes) sont parties pour la Tunisie, avec l'accord du gouvernement français. » Laurent Bonelli et Elwis Potier, « Mme Michelle Alliot-Marie emportée par la foule », *Monde diplomatique*, mars 2011, p. 12.

[138] Cf. Mamadou A. Ndiaye et Alpha A. Sy, « L'obamaniana à l'épreuve de la realpolitik », *Sud Quotidien* du 25 novembre 2008.

[139] Alain Gresh souligne comment David Petraeus, en sa qualité de Chef du Commandement central des forces américaines, a appuyé sur la sonnette d'alarme : « La colère arabe sur la question palestinienne limite la puissance et la profondeur de nos relations avec les gouvernements et les peuples de cette zone et affaiblit la légitimité des régimes modérés dans le monde arabe », « La fin d'un ordre régional, ce que change le réveil arabe », *Monde diplomatique*, mars 2011.

Sous cet éclairage, il apparaît que l'hégémonisme n'est pas une page tournée de l'histoire des relations douloureuses entre l'Occident et le reste du monde. Il est presque certain que les gouvernements, suffisamment proches de leurs citoyens pour prendre des mesures conséquentes pour promouvoir l'économie locale et protéger leurs ressources minières, halieutiques et humaines, croiseront toujours sur leur chemin les inconditionnels de la logique marchande. Ces derniers useront d'armes conventionnelles, comme non conventionnelles, pour maintenir le statu quo.

Dès lors, il revient aux élites de toute obédience de mener ces réflexions portant sur les possibilités de pérenniser la combativité des peuples - d'ici comme d'ailleurs, y compris en Occident et en Orient – et des citoyens du monde pour s'engouffrer dans ces brèches, afin de faire triompher, contre les tenants de la loi implacable du marché, l'idéal de liberté, de paix et de justice sociale.

BIBLIOGRAPHIE

- **Ouvrages**

Bathily, Abdoulaye, *Mai 68 à Dakar ou la révolte universitaire et la démocratie*, Paris, Édition Chaka, 1992.

Camara, Ousmane, *Mémoires d'un juge africain, Itinéraire d'un homme libre*, Paris, Éditions Karthala-CREPOS, 2010.

Colin, Roland, *Le Sénégal notre pirogue, au soleil de la liberté*, Paris, Présence africaine, 2007.

Coulibaly, Abdou Latif, *Contes et mécomptes de l'A. N. O. C. I*, Dakar, Éditions Sentinelles, 2009 ; *La République abîmée*, Dakar, Éditions Sentinelles, 2011.

Une démocratie prise en otage par ses élites, Dakar, Éditions Sentinelles, 2006.

Dieng, Amady Aly, *Mémoires d'un étudiant africain*, Volume I, *De l'École régionale de Diourbel à l'Université de Paris (1945-1960)*, Dakar, CODESRIA, 2011.

Diouf, Cheickhou, *Saint-Louis, une métropole islamique (Le patrimoine culturel et architectural)*, Saint-Louis, Presses Universitaires Gaston Berger, 2008.

Fanon, Frantz, *Les damnés de la terre*, Paris, Éditions Maspéro, 1961.

Kébé, Mouhamed Habib, *Pour un dialogue des cultures*, Dakar, Éditions Panafrika/Silex/Nouvelles du Sud, 2010.

Lamartine, Alphonse de, *Histoire de la Turquie*, Paris, Saws, 1854.

Ndiaye, Mamadou A. et Sy, Alpha Amadou, *Africanisme et théorie du projet social*, Paris, l'Harmattan, 2001 ;

Esthétique négro-africaine et quête de l'universalité ou quelques considérations sur l'œuvre de Kalidou Kassé», Édition Panafrika/Silex/Nouvelles du sud, 2007, traduit en anglais par le Professeur Badara Sall de l'Université Gaston Berger de Saint-Louis, Sénégal ;

Les Conquêtes de la citoyenneté, Essai politique sur l'Alternance du 19 mars 2000, Dakar, Éditions Sud Communication, mars 2003.

L'Afrique et le défi de la modernité (la quête d'identité et la mondialité), Dakar, Éditions Panafrika/Silex/Nouvelles du Sud, 2006.

La presse et le jeu politique, Inédit.

Péan, Pierre, *La République des mallettes*, Paris, Fayard, 2011.

Senghor, Léopold, Sédar, *Liberté III*, Paris, Seuil, 1971.

Sy, Alpha Amadou Sy, *L'Afrique et le défi républicain, Une lecture des élections sénégalaises de 2009*, Paris, Éditions l'Harmattan, avril 2011.

Sy Mamadou Albert, *L'exercice du pouvoir politique au Sénégal (Léopold Sédar Senghor – Abdou Diouf – Abdoulaye Wade), l'Utopie du changement*, Dakar, Presses Universitaires, avril 2011.

Sy, Seydou Madani, *Les régimes politiques sénégalais de l'indépendance à l'alternance politique*, Yaoundé, Paris, Dakar, Iroko – Karthala - CREPOS, 2009.

Touré, Babacar, Préface des *Conquêtes de la citoyenneté* de Mamadou A. Ndiaye et de Alpha A. SY, Dakar Éditions Sud Communication, 2003.

- **Journaux et périodiques**

Allal, Amine « Quelle relève à Tunis ? », *Monde diplomatique*, février 2011.

Amine, Samir, « La bourgeoisie d'affaires sénégalaise », *Revue L'Homme et la société*, N° 12, avril-mai-juin, 1969.

Awady, Didier, Entretien avec Aïcha Fall, *L'Obs* du 14/07/2011.

Bâ, Lamine, Entretien avec Harouna Fall, *L'Obs* du 27/06/2011.

Bâ, Moustapha, *le populaire*, 30 juin 2011.

Badran, Margot « Islamic Feminism on the Move », cité dans son article « Où en est le féminisme islamique », *Critique internationale*, N° 46, janvier-mars 2010.

Bayart, Jean François, « L'Afrique à papa ça suffit ! », *Jeune Afrique*, N°1684, des 15-21 avril, 1993.

Bengeloune, Sophiane, « La révolte vue de Twitter et facebook », *Enquête Le Journal* du 28/06/2011.

Bonelli, Laurent et Potier Elwis, « Mme Michelle Alliot-Marie emportée par la foule », *Monde diplomatique*, mars 2011.

Camara, Abdourahmane « La fin d'un mythe », *Walf* du 24/06/2011.

Camara, Mame Less, Intervention, Cérémonie de présentation-dédicace de l'*Afrique et le défi républicain* à l'hôtel *Terroubi*, à Dakar, le 10 septembre.

« Karim est au bord des nerfs », Entretien avec Latyr Mané, *L'Obs* du 04/07/2011.

« C'est le plus mauvais discours de Wade que j'ai entendu ces 20 dernières années », Entretien avec Diacounda Séne, *Le quotidien* du 15/07/2011.

« Les impromptus de l'Hémicycle », *Pop* du 24/06/2011.

Cardinal, Sarr Adrien, *Le Pop* des 18-19 juin 2011.

« Déclaration de Ngaparou », 30 juin 2011.

Dieng, Ousmane Tanor, Entretien avec Moustapha Barry, *Walf* du 05/07/2011 ;

Diakhabi, Ibrahima, « Discours incendiaires à l'intérieur, affrontements à l'extérieur, *L'Obs* du 23/06/2011.

Diallo, Ouza, Entretien, *le Pop* du 01/07/2011.

Dièye, Abdoulaye, Entretien avec Barka I. Bâ.

Dièye, Cheikh Bamba, *L'Obs* du 22/06/2011.

Diouf, Aliou, Ismaïla Madior Fall, cité par *Pop* du 27/06/2011.

Dr Boye, Abibatou Baba Anta « Pour qui nous prenez-vous ? », *Sud quotidien*, du 22/juin/2011.

Dr Guèye, Cheick Mbacké, « Lettre-question à M. Karim Wade », *le Quotidien* du 12/07/2011.

Dr Seck, Cheick Tidiane, *le Pop* du 01/09/2010.

Document Assises nationales, Commission « Vision pour le Sénégal, Horizon 2025 ».

Fata, « Les membres de « Y'en a marre et moi n'avons jamais accroché », entretien avec Maria D. T. Dièdhiou, *L'Obs* du 29/07/2011.

Faye, Omar, *Le Pop* du 24/06/2011.

Freddy, Fada (avec Ndongo D), « Daara Ji Family soutient le mouvement "Y'en a marre" », Entretien avec Coumba Thiam, *le Quotidien* du 06/07/2011.

Foucault, Michel, « Inutilité de se soulever », *le Monde* du 11/05/1979 ;

Gaston, alias Baye Sen, « C'est un mouvement vide », conférence de presse, *l'As* du 24 juin 2011.

Gaye, Modou Bara, *l'Obs* du 20 juin 2011.

Gresh, Alain, « La fin d'un ordre régional, ce que change le réveil arabe », Monde diplomatique, mars 2011.

Guirassi, Moustapha, « La dévolution monarchique est écartée », Conférence de presse, *Sud quotidien* du 22 juin 2011.

Halimi, Serge, « L'impossible arrive », Monde diplomatique, février 2011.

Hugo, Victor, 1854, « Hommage à Victor Hugo », http://novusordoseclorum.discutforum.com/t6297-victor-hugo-et-l-islam.

Kane, Ousseynou, « La République couchée », *Sud quotidien, Le Pop* du 06/07/2011.

Mané, Latyr, « Cheick Bamba Dièye dans les chaînes de la révolte », *l'Obs* du 22/06/2011.

Manifeste du CASC signé à Dakar le 04 mai 2010.

Mbacké, Fallou, « Conférence de presse », *Le Quotidien* du 29/06/2011.

Mbaye, Serigne Mor, « Le ton est pathétique, quasi-enfantin. Il a peur... », Entretien avec Harouna Fall, *L'obs* du 04/07/2011.

Mbodj, Mamadou, « Lettre aux Organisations membres du Cadre de Concertation et d'Action de la Société Civile, CASC, » 19/06/2001.

Mbow, Amadou Mahtar « Discours de clôture des Assises nationales », Dakar, 24 mai, 2009.

Medang, Denise Zarour, « Bamba Dièye s'enchaîne aux grilles de l'Assemblée nationale », *Sud quotidien* du 22/06/2011.

Mommsen, Katharina, « Dans l'Islam, nous vivons et mourons tous. La relation de Goethe avec la religion musulmane et avec son prophète Mohamed », Revue « *Mitteilungen der Alexander Von Humbold* », 22/03/1982, traduit de l'allemand par Peter Anton Von Armin et Abdoulaye Diouf Von Armin.

Monseigneur, Diouf, Jean Noel, *Le Pop* des 18-19 juin 2011.

Ndiaye, Mamadou A. et Sy, alpha A. Sy, « L'obamania à l'épreuve de la realpolitik », *Sud quotidien*, du 25/11/2008.

Ndiaye Mbaye, « Le dossier secret du ticket de Wade », *L'Obs* du 20 juin 2011.

Olivier de Sardan, Jean Pierre, « Afrique : qui exploite qui ? (à propos de Samir Amin et des bourgeoisies d'état africaines) », *Les Temps Modernes*, 1976.

Sané, Mamadou Alpha « Quand les premiers rats s'apprêtaient à quitter le navire de la Wadie », *L'Obs* du 27 juin 2011.

Sall, Yakhya, « Quand le peuple trie ses députés », *Walf* du 24/06/2011.

Sangaré, Mariama, « Le péril jeune », *Enquête le Journal* du 28/06/2011.

Seck , Mamadou, *Walf* du 24/06/2011.

Seck, Idrissa, Entretien avec *L'Obs* 18/07/2011.

Silla, Eric, « Si le président pousse trop, il risque de rompre le contrat social », Entretien avec Christophe Boisbouvier de RFI, repris par Moustapha Barry, *Walf* du 13/07/2011 ;

Sy, Alpha Amadou Sy, « Le Conseil constitutionnel doit gagner la confiance des justiciables », Entretien avec Lamine Sall du quotidien *Siweul*, n°40.

« La question des élites : combats d'hier et combats d'aujourd'hui », communication présentée au colloque international *Alioune Diop, l'homme et l'œuvre face aux défis contemporains*, du 03 au 05 mai, 2010, au Méridien Président, Dakar.

« La renaissance africaine ne saurait être réductible à des slogans », Interview accordée au quotidien sénégalais *Le Soleil* du 27/05/10,

http://www.lesoleil.sn/article.php3?id_article=59447 ;

« Alioune Diop, l'organisateur et l'intellectuel », au Panel *Hommages aux plumes posthumes : Téne Youssouf Gueye, Ousmane Moussa Diagana, Habib Ould Mahfoud et Alioune Diop* à l'occasion du festival littéraire, Traversées mauritanides, organisé les 05, 06,07 et 08 à Nouakchott, République Islamique de Mauritanie.

« Il est inhumain de pousser un homme de 87 ans à se représenter », séance de dédicace de L'Afrique et le défi *républicain*, Daouda Alkaly Sagna, *Le Quotidien* du 13/09.2011, *L'Obs* du 12/09/2011.

Sy, Moussa, *Enquête Le Journal* du 14/07/2011.

« La pensée unique je ne l'accepte pas », entretien avec Moustapha Ba, *le populaire* du 30 juin 2011.

L'obs du 27/06/2011.

Tchedji, Gilles Arsène, « Kilifeu et Fou malade racontent leur 23 juin », *Le Quotidien* du 29/06/2011.

Thiam, Mballo Dia, Entretien avec Aly Fall, *Le Quotidien* du 26/07/2011.

Thiam, Iba Der, « Les événements du 23 juin sont le fait de minorités agissantes », Entretien avec Alpha Sané, *L'Obs* du 05/07/2011.

Thiandoum, Mbaye, « Cri de victoire de la foule : El hadji Diouf, Cheikh Bamba Dièye et Mously Diakhaté portés en triomphe », *l'As* du 24/06/2011.

Thiat, Entretien avec Mamady Camara, *L'Obs* du 22/06/2011.

Tine, Alioune *Entretien* avec Harouna Fall, *L'Obs* du 23/06/2011.

Thioub, Ibrahima, « Il n'y a jamais eu une manifestation d'une telle ampleur dans l'histoire politique du Sénégal », Entretien avec Harouna Fall, *L'obs* des 25-26/06/2011.

Touré, Babacar, « Les clefs du Royaume (2*), Wade Vice-versa », *Sud quotidien* du 22/06/2011.

Touré, Ndèye Fatou, « Des lignes de crédit sont inscrites dans le budget du président au titre de poste de Vice-président qui n'existe pas », Entretien avec Daouda Gbaya, *Le quotidien* du 22/06/2011.

Wade, Abdoulaye, Entretien avec Laurent Larcher, Lacroix.com (repris par *le Quotidien* du 22/07/2011).

Walf Grand'place, Mooñu soof, « La presse nous tympanise avec Karim Wade », 19/10/2007.

- **Autres**

Didier Awadi, in Album « Un autre monde est possible ».

Malal Tall, « Folie politique/ Fou malade et le Bat' Haillons Blin-D ».

Hart, Adrien, « L'exemple sénégalais »
htp://www.slateafrique.com/3389/exemple-senegalais-abdoulaye-wade-manifestations.

Mané, Bakary Domingo, « La mort symbolique du Président », http : //www.sudonline.sn/imprimer-article.php ? Article=3599)

http://www.ugb.sn/s2ata/DUTS_AGRO_ECOLOGIE.pdf.

Cabrel, Francis, « La corrida » publiée en 1994 dans l'album
« Samedi soir sur la terre ».

TABLE DES MATIÈRES

Remerciements 7
Dédicace 9
Préface 13
Avant-propos 17
Chapitre premier
« Touche pas à ma constitution » ou mourir pour la République ... 23
Chapitre II
Psychanalyse d'un projet : Un texte et ses silences 43
Chapitre III
Les citoyens, acteurs de la révolte républicaine du 23 juin 63
Chapitre IV
Le mouvement « *y'en a marre* » ou quand la jeunesse assume
sa citoyenneté 79
Chapitre V
Du rappel à l'ordre républicain du 23 juin : les leçons
d'un mouvement citoyen 99
Chapitre VI
Au-delà de la question ponctuelle 121
Bibliographie 143

L'HARMATTAN, ITALIA
Via Degli Artisti 15 ; 10124 Torino

L'HARMATTAN HONGRIE
Könyvesbolt ; Kossuth L. u. 14-16
1053 Budapest

L'HARMATTAN BURKINA FASO
Rue 15.167 Route du Pô Patte d'oie
12 BP 226 Ouagadougou 12
(00226) 76 59 79 86

ESPACE L'HARMATTAN KINSHASA
Faculté des Sciences Sociales, Politiques et Administratives
BP243, KIN XI ; Université de Kinshasa

L'HARMATTAN GUINÉE
Almamya Rue KA 028 en face du restaurant le cèdre
OKB agency BP 3470 Conakry
(00224) 60 20 85 08
harmattanguinee@yahoo.fr

L'HARMATTAN CÔTE D'IVOIRE
M. Etien N'dah Ahmon
Résidence Karl / cité des arts, Abidjan-Cocody 03
BP 1588 Abidjan 03
(00225) 05 77 87 31

L'HARMATTAN MAURITANIE
Espace El Kettab du livre francophone
N° 472 avenue Palais des Congrès, BP 316 Nouakchott
(00222) 63 25 980

L'HARMATTAN CAMEROUN
Immeuble Olympia face à la Camair
BP 11486 Yaoundé
(237) 458.67.00/976.61.66
harmattancam@yahoo.fr

L'HARMATTAN SÉNÉGAL
« Villa Rose », rue de Diourbel X G, Point E
BP 45034 Dakar FANN
(00221) 33 825 98 58 / 77 242 25 08
senharmattan@gmail.com

L'HARMATTAN MALI
Rue de Leipzig, face au Palais de la culture,
Porte 203, Badalabougou, Bamako
00 223 20 22 57 24 / 00 223 76 37 80 82
pp.harmattan@gmail.com

590634 - Décembre 2014
Achevé d'imprimer par